誰も教えてくれない あなたの会社のお金の残し方、回し方

三條慶八
Keiya Sanjo

フォレスト出版

はじめに

私は現在、**〝会社と家族を守る〟経営アドバイザー**として、中小企業の経営者を対象に、セミナーや講演会、個別コンサルタントを行なっています。

私のところには、全国から多くの相談者が来られますが、**アパレル、不動産、印刷会社、ＩＴ会社、食品会社、機械製造、小売店**など、業界も多岐にわたります。

実際に私の相談に来られた経営者の皆さんは、相談に来られる前と後では、顔の表情が違います。

その後も、

「おかげさまで、借金を返すために生きていた人生から脱却でき、新たなチャレンジができるようになった」
「銀行の対応力がわかり、借入に困らなくなった」
「漠然とした将来の不安がありましたが、何をすべきかはっきりとわかるようになった」
「安心して息子にバトンタッチできるようになった」
「経営者として自信が持てるようになった」
「経営者が見るべき、知っておくべき数字が何かがわかった」
「リスクヘッジ対策とは何か、初めて知りました」

といった声をたくさんいただき、そのような声をいただくたびに、お役に立てて本当に良かったと、私も大きな喜びを感じています。

ご存じのとおり、世の中には、企業再生を担う関連事業会社、コンサルタント、アドバイザーなどが存在し、関連書籍も多く出ています。

にもかかわらず、なぜ私のところに多くの経営者が相談に来るのか？

それは、かつて**私自身が１４０億円の負債を抱えていたのですが、８年をかけて負債ゼロ、個人保証ゼロ、自己破産せずに自立再生した経営者で、実践経験をしてきた**からだと思います。

世の中に存在する企業再生関連会社、コンサルタントは、実際に会社経営の経験がなく、事業資金の借入をしたことのない経営コンサルタント、元銀行員、士業の方がほとんどです。会社を経営し借金をし、自らの力で事業再生し、完全復活を果たした経験がないのです。

中小企業の経営者ならではの苦しみ、困難は、実際に経営者としての経験がなければ理解できないでしょう。その立場に立った真のアドバイスはできないでしょう。

私は相談にお見えになった会社の社長になったつもりで、その会社をどうすればいいかを常々考えて対処していきます。

私は、**「何があっても大丈夫！」をモットーに、中小企業経営者の人生の再生を図っています。**事業を再生しても、中小企業経営者の生きる力を削いでしまっては意味がないと考えています。

真面目な中小企業経営者が五・十日（ごとうび）前に電車に飛び込み自殺をする。

「そんなことがあっていいものか？」といつも疑問に思っています。

なぜ、そのようなことが起こるのでしょう？

中小企業は、個人保証をしないと、お金が借りることができません。

上場企業は、倒産しても、代表者の個人財産をなくすことはありません。一方、中小企業経営者はすべてを失くします。財産のみならず、長年築いてきたすべてを一瞬で失くします。

商売は、良いときも悪いときもあります。時代の流れが早く、資金力のない中小企業は対応できず、窮地に陥ります。私も阪神淡路大震災で甚大な被害を受けました。そのように、予期せぬことが起きることもあるわけです。

中小企業経営者は、窮地に陥ると、冷静さを失います。資金繰りが苦しくなり、すべての歯車が狂います。金融機関から見放され、目の前が真っ黒になり、何も考えることができなくなります。従業員、家族、そして取引先すべてに申し訳なく思うのです。

そんな自分の将来が描けなくなり、ただただ自分を追い込んでしまう。そして、死を選択する——。

１４０億円という大きな負債だったこともあり、私自身、何度も死を考えました。

でも、私はめげない・あきらめない・くじけない精神で完全復活を果たすことができました。

死を選ばなくとも、絶対に人生を再生する方法は、必ず見つかります。

その経験から導き出した知恵・知識をあますことなく、本書でご提供できたらと思い、筆を執りました。

本書では、経営者として絶対に知っておきたい、**戦略的な銀行交渉術と資金繰りの極意**をお伝えしていきます。

本書で書かれている内容は、私のところに相談に来られる経営者の皆さんにアドバイスしているのですが、皆さん声を揃えて言うのが、

「誰も教えてくれなかった」

「知っているようで、真の意味では理解していなかった」

といったものです。

本書を手に取ってくださったあなたにも、必ず役立つ内容だと自負しています。

第1章「経営者が知っておきたい銀行の〝真〟常識」と題して、銀行の常識をお伝えします。経営者が考えている常識と銀行が考えている常識には、かなりのかい離があります。経営者としては、相手の銀行の〝真〟の常識を理解していなければ、交渉しても、思いどおりの交渉ができるはずがありません。まず、銀行の真の常識をマスターしていただきます。

第2章「銀行交渉前に必ずやっておきたい準備と知恵」では、文字どおり交渉前にやっておかなければいけないことをまとめました。交渉するには、事前準備がとても重要になります。そこには、知恵も必要です。私の経験および相談者にアドバイスして効果的だったものを厳選してまとめました。

第3章「経営者が資金繰りでやってはいけないこと」では、経営者が良かれと思ってやってしまうことが逆に命取りとなる、絶対にやってはいけない禁止事項をまとめました。

第4章「銀行がお金を貸したくなる交渉術」では、銀行交渉・資金繰りのための具体的なテクニックをお伝えしています。すでに知っていることも、確認の意味でもぜひ参考にしてみてください。

また、本書ではどうしても伝えきれなかった**「銀行員には教えたくない銀行交渉マル秘テクニック」は、本書の読者限定特典**としてご用意しています。ぜひ本書巻末ページ、または、**http://frstp.jp/sanjo** にアクセスしてご確認ください。

中小企業の経営者は、激動する経済状況の昨今、「先行きが見えない」「どうしていいかわからない」という不安でいっぱいになるものです。

その不安をなくせば、問題が解決します。

知っているのと知らないとでは、大きな違いが生じます。ちょっとしたことで劇的に良くなった会社も多くあります。

負債140億円からの生還という経験を活かし、中小企業経営者の「会社と家族を守る」お手伝いをすることが私のミッションであり、本書の使命です。

本書が、あなたのお役に立てるならば、著者としてこれほどうれしいことはありません。

あなたの会社のお金の残し方、回し方◎目次

第1章 経営者が知っておきたい銀行の〝真〟常識

第2章 銀行交渉前に必ずやっておきたい準備と知恵

第3章 経営者が資金繰りでやってはいけないこと

第4章 銀行がお金を貸したくなる交渉術

装幀◎河南祐介（FANTAGRAPH）
本文デザイン◎二神さやか
編集協力◎岡本聖司、加納明弘
ＤＴＰ◎株式会社キャップス

第1章

経営者が知っておきたい
銀行の〝真〟常識

銀行も、あなたの会社の「取引業者」の1つ

銀行は、敵か？　味方か？

会社経営とは、何か？

ひと言で言えば、私は**「お金が回るようにすることだ」**と思います。

お金がうまく回わる仕組みをきちんと整えて、儲《もう》けていけば、最強の会社になります。

逆に、それができなければ、儲けが減って当然だし、いずれは資金ショートを起こし、倒産することになります。

中小企業の経営者は、事業の現場では支払いなどが滞らないよう細心の注意を払っ

ています。

だから、**取引業者の社長さんたちとも頻繁に携帯電話で連絡を取り合って、信頼関係も築いている。**社長なのだからそれは当然だし、役割も十分に果たしている。

そう思っているわけです。

中小企業の経営では、自由に使える資金がモノを言います。

たまに、**「うちは無借金経営です」**と胸を張る社長がいらっしゃいますが、聞いてみると、借金もない代わりに、いざというときには手元資金では足りません。

「何かあったときはどうするんですか？」と尋ねると、「そのときは銀行にお願いにいこうと思います」と平然としています。

会社経営が恐ろしいのは、こういうところです。

何かあって困ったときに、果たして、銀行はこれまで付き合いのなかった会社にお金を貸すだろうか？

そういうことを深く考えたことがないのです。

私の経験では、銀行はまず間違いなく貸してはくれません。

会社経営のコツがお金をうまく回すことにあるならば、実は銀行も、あなたの会社の取引業者の1つです。

ところが、**中小企業の経営者のほとんどは、銀行をどこか近づきがたい相手であるかのように捉え、大切で身近な取引先だとは考えていない**ようです。

銀行に対するアレルギーをなくす

考えてみると、これはとてもおかしな話です。

だから、**融資を申し込むときも、何となく態度が卑屈になり、銀行の担当者の要求どおりの話を受け入れてしまう**。

ふだんから連絡を取っている取引業者の社長さんが相手なら、こちらの要求をもっとストレートに伝えているはずなのに、こと銀行が相手だとこれができない。

ですから、まずは、銀行というものに対する認識を改めなければいけません。

銀行は、敵でも味方でもないのです。

銀行は、あなたの会社の取引業者の1つであり、ビジネスパートナーなのです。

銀行はお金を貸すのが仕事なのだから、融資を頼みに行くのは相手の商売に協力することだ。

そういう考えを持つようにならなければいけないわけです。

銀行をビジネスパートナーと考える3つのメリット

とはいえ、「十分な金額を借りられなかったら、どうしよう」という、そこはかとない恐れの気持ちはあるでしょう。

資金がショートすれば会社が倒産するかもしれず、倒産すれば社長である自分の首も回らなくなる。

中小企業の経営者は、いつもこのようなリスクと隣り合わせです。私も140億円の負債を抱え、どん底から事業を再生させた経験がありますから、社長業の孤独さや心細さはよくわかっています。

しかしながら、**社長業につきものの苦しさは、銀行をどう捉えるかとはまったく無**

関係です。

相手を特別視しても、資金繰りが楽になるわけではありません。

また、ビジネスパートナーと捉えるように考えを改めたとしても、結果は同じことです。

ただし、銀行をビジネスパートナーだと心の底から思うことができれば、銀行との付き合い方、交渉の仕方は、これまでとはまったく違ってきます。

第一に、**会社の復活、発展のために銀行をとことん利用・活用しよう**と、ぐいぐい前を向いて取り組めるようになる。

第二に、これまで想像したこともないような方法で銀行を巻き込み、**銀行を寄り倒せる**ようになる。

そして**第三**に、**結果的に win-win の関係を築ける**ようになる。

私がそうであったように、そうした取り組みができるようになります。

あなたは、**自分の会社の取引業者の社長さんたちとは、すでにこのような信頼関係と win-win の関係を構築しているはず**です。

銀行に対しても、同じことをするわけです。

そのための技の数々は、後の章でじっくり開陳していきますが、まずは、**銀行を特別視しないこと、自分の会社の取引業者の1つだと考えること。**

これが重要です。

ココがポイント

・銀行や銀行員はビジネスパートナーであり、1つの取引業者である。
・銀行とは、他の取引業者と同じように、日頃からコミュニケーションをとる。
・銀行を特別視せず、怯えない。自信をもって堂々と交渉する。

銀行員は、経営の中身までわかっていない

銀行員が知っていること、知らないこと

銀行員とはどういう相手なのかを考える上で、もう1つ大切なことがあります。

それは、**彼らはこちらの会社の内容を詳しく知らないし、経営とは何かもまったくわかっていない**という事実です。


これは、考えてみれば当たり前のことです。

銀行が取引している会社はたくさんあり、事業の展開の仕方もそれぞれです。

銀行員は、上に上げなければならない書類がたくさんありますから、いちいちあなたの会社の事業のやり方を細かくチェックして理解している時間も余裕もありません。

銀行の支店にいる人数も昔に比べてかなり減り、しかもやるべきことや書類関係が増えてきているから、大変なことは事実です。

彼らが決算書の数字を入念にチェックしているとしても、事業の内容がどうなっているか、どういう仕組みになっているか、どういう商売の仕方をしているか、何を扱っているか、**細かい部分は何もわかりません**。

ただ、売り上げがこのくらいなんだなとか、利益がこうなんだな、うまくいっているんだな、うまくいっていないんだな、とか数字上から見えることしか判断ができません。

銀行員が「何がうまくいっていないんですか」と尋ねても、「これこれこうです。だから、こういう投資をすれば、うまくいきます」と言えば、もう**社長の言うことを鵜呑みにするしかありません。**

それが真実であろうと嘘であろうと、それを確かめる時間も余裕もありません。そこまでやろうとする担当者もいません。たくさんやることがあるから、仕方がありません。

つまり、**会社の本来の姿も、実は彼らは何もわからない**のです。

「銀行員が知らないこと」を活用する

だから私は、「これを逆手にとって、うまく説明してプレゼンしたほうがいいですよ」と言っています。将来の会社像を大きく語ったほうが、効果があるのです。

そうやって、「ああ、この社長はすごいんだな。こういう商売をして、そういう将来を考えているんだ。すごいですね」と相手に思わせるくらいにならないとダメなのです。

とすれば、こちらから相手にしみったれたことを言うのはご法度です。

社長なのだから、**自信満々で誇りをもって自分の事業を説明**しなければいけないし、会社のビジョンについても将来像はこうなる、そのためにこういうことをするので**ぜひ協力してほしいと、堂々と説明**しなければなりません。

演技でもいいから、「この社長はすばらしい」「この社長にお金を貸したい」と銀行員が思うようなプレゼンを行なうべきなのです。

銀行は、あなたの会社のことも経営のこともわかっていません。経営者を見て、信じて、お金を貸すわけです。

だからこそ、それを武器にできるのです。

私も、こうして140億円も借りました。プレゼンした内容で実現していないことはたくさんありますが、

「大丈夫だから俺に任せとけ。つまらない会社に貸すんだったら、俺に貸しとけ」

とひたすら押しまくりました。

こうした**自信満々の態度は、どんなに会社がしんどくなったときも、変えてはなりません。**むしろ、そういうときこそ銀行には、なおさら自信満々に接するべきです。

ココがポイント

- 銀行員は、あなたの会社の内容も経営もわかっていない。
- 「銀行員がわかっていないこと」を逆手にとって、自信満々でプレゼンする。
- どんなにしんどいときでも、「この社長はすばらしい」と思わせるように振る舞う。

知らないと痛い目に遭う！「保証協会付融資」と「プロパー融資」の真実

「保証」している本当の相手は誰か？

銀行の融資には、2種類あります。

1つは「保証協会付融資」、もう1つは「プロパー融資」です。

保証協会付融資とは、信用保証協会に保証人になってもらうことで受ける融資のこと。一方、プロパー融資とは、信用保証協会をはさまずに、直接銀行から受ける融資のことです。

保証協会付融資は、「中小企業支援を目的に」と謳《うた》っており、世間的にもそのように受け取られています。融資を受けにくい中小企業の道を開くため、信用保証協会があえて中小企業の保証をしてくれている、というイメージです。

しかし、私はそうは思いません。なぜなら、**信用保証協会が行なう「保証」とは、金融機関にリスクを負わせないようにするための保証**だからです。

制度が変わったために、今では信用保証協会がすべて100％保証融資しているのではないですが、以前の緊急融資などは100％保証でした。そのため、融資先の中小企業が返済できなくなった場合、銀行は「代位弁済」という形で、信用保証協会から貸付金残額の全額を受けることができます。

つまり、**保証協会付融資ならば、銀行が背負うリスクはゼロ**なのです。

考えてみれば、これは実におかしな話です。**保証協会付融資を受けた中小企業は、金利を払うだけでなく、保証料まで負担**させられていることになります。

復活の道を閉ざされる融資!?

また、万が一のときには、もっとおかしなことが起こります。

たとえば、会社が倒産すると、保証協会付融資の債権は、銀行から信用保証協会のサービサーに移ります。

ところが、**信用保証協会サービサーは、民間サービサーのような債務の圧縮処理を行なってはくれません。**

銀行のプロパー融資であれば、民間サービサーに売却され、少額で債権を買い取り、借金をゼロにすることが可能です。

一方の信用保証協会サービサーは、債権をそのまま全額残し、どんなに長期間かけてもすべて回収しようとします。さらに高率の延滞金も請求されます。

倒産した会社の社長個人は、**自己破産する以外に逃れる術《すべ》がなく、きわめて不利な扱いを受けます。**そのために、復活の道を閉ざされてしまった元社長も多いのです。

もし本当に信用保証協会制度が中小企業の支援を目的にした制度であるならば、こういうことが起こるはずはありません。

「プロパー融資」の銀行を大切にする

お金は、可能な限り「プロパー融資」で借りたいものです。

ただし、銀行からプロパーを引き出すのは簡単ではありません。少しでもプロパー融資で貸してくれる銀行が出てきたら、その銀行は大切にすべきです。また、そうなるように会社の評価や将来性を高めていかなければなりません。最終的には、銀行が進んで「プロパー融資をしたい」と言ってくるような会社経営を目指すべきです。

なお、保証協会付融資に頼らず、その会社や事業内容を精査し、貸し出しを拡大している、すばらしい地方銀行もあります。

ココがポイント

- 「保証協会付融資」は、中小企業のためでなく、銀行のための融資。
- 融資のときに「保証協会付融資ではなくプロパー融資ができないか?」を必ず聞くこと。
- 保証協会付融資しかできない銀行と長く付き合う意味はない。

多くの経営者が知らない「借入金の金利」ウラ常識

借入金利の決め方は、２つある

会社の復活に向けて銀行と交渉する際、金利の引き上げを要求されることがあります。

銀行が「貸出先の経営状態が悪くなっているのだから、リスクも高まった。金利を引き上げたい」と考えるのは当然ですが、こちらの弱みにつけ込んでいる面も大きいのです。

銀行借り入れをすると、経営者は毎月の借入金の返済にばかり気をもみます。そのため、支払金利のことにまで目が届きません。

借入金の金利は、何を基準に決められているのかを知らない社長もいます。

借入金の金利の決め方には、2つあります。

短期プライムレート（短プラ）を基準にして「プラスいくら」という形で契約する場合と、**長期プライムレート**を基準にして「プラスいくら」と契約する場合です。

長期プライムレートはどの銀行でも同じですが、**短期プライムレートは銀行によって違いがあります。**

ですから、各行にその月の短期プライムレートを確認しなければ、支払っている金額が正しいかどうかはわかりません。

勝手に金利を引き上げられた!?

なぜこんな話をするかというと、「弱みにつけ込まれたのかな」と感じる出来事を経験したことがあるからです。

私の場合は借入が多かったため、毎月各行に短プラはいくらなのか、いちいち確認させていました。**契約どおり短プラにプラスいくらで正しい金利の支払いになってい**

るか、きちんとチェックしていたのです。

その確認作業のおかげで、ある銀行が勝手に金利を引き上げていた事実が発覚しました。

どうやら、本部が支店に、業績の悪化した私の会社に対して「金利を上げろ」と言ってきたようです。私が支店の要求に同意しないため、支店は金利を上げてもわからないと思って上げたのでしょう。

自社の借入金利は、真剣にチェックをしたほうがいいと思います。

特に借入が多額に上る場合は、ほんの少し金利が違うだけで、利益は大きく違います。

ココがポイント

- 短期プライムレートは、銀行によって違う。
- 自社の借入金利は、常に真剣にチェックする。

信頼できる銀行は、預貸率で見抜く

「運用力」が丸見え

銀行の一番の収益の柱は、集めた預金を貸し出しに回し、金利を稼ぐことです。

銀行の運用力を示す指標に、預貸率があります。

これは、金融機関の預金残高に占める貸出残高の比率です。1兆円の預金に対して1兆円の貸出金があれば、預貸率は100％となります。

銀行は信用創造機能を持っていますから、**預貸率が100％を大きく超えていなければ、本来の姿とは言えません。**

ところが昨今は、**預貸率が100％を大きく下回る状態**が続いています。

東京商工リサーチの集計によると、国内銀行114行の預貸率（2015年4月〜9月期の単独決算ベース）は、平均で68％でした。業態別に見ると、地方銀行64行の平均が約71％、第二地方銀行41行の平均が約73％、大手銀行9行の平均が約65％となっています。ずいぶん低い値です。

銀行が余った預金をどうしているかといえば、債券や株式で運用しています。

日銀が**マイナス金利**を導入したことで、銀行はようやく貸し出しを増やす方向に動き始めました。しかし、その傾向が今後も長続きするかどうかはわかりません。

現在のような超金融緩和時代は貴重だと考えるべきで、今は会社の資金を分厚くするチャンスです。

預貸率が低い銀行の素顔

銀行と信頼関係を築こうとするなら、こちらも相手を選ばなければなりません。

なぜなら、預貸率の低い銀行は、**貸し出しに積極的でなく、企業の審査能力も低い**と言えるからです。そういう銀行と取引関係ができたとしても、あまりいい結果は望めません。**信用金庫の預貸率は、実は１１４行の平均よりもさらに悪い結果**が出ています。２０１５年3月末時点の集計では、６年連続で平均49・８％にまで低下。信用金庫はそれぞれに特徴があり、貸し出しに積極的なところは70％前後の預貸率を維持しています。しかし、20％～40％台にとどまるところもごろごろしています。

私の感覚では、**預貸率が60％を切る信用金庫は、お金を貸さないし、審査能力もありません。**このような銀行と取引しても将来性はないため、私は最初からお付き合いをしないようにしています。

マイナス金利は、銀行がいかに創意工夫して貸し出すかが問われる時代です。昔のままのやり方をしている銀行は、看板がなくなる可能性が高いでしょう。

経営者自身も、銀行を選別する能力が求められています。

ココがポイント

- 預貸率が低い銀行は、貸し出しに消極的で、審査能力が低い。
- 預貸率60％を切る銀行とは、最初から付き合わないほうがいい。

なぜ税金の延滞は、融資に大きな影響を与えるのか？

税金の滞納で、銀行の融資却下

会社がしんどくなると、中小企業の経営者は税金や社会保険料を延滞するケースがよくあります。

銀行へは優先的に返済や支払いを行ない、国税や地方税は滞納している。

一度それをやると、だんだんそれが当たり前のようになってきます。

なぜなら、**銀行はうるさく請求してきますが、税務署や日本年金機構はうるさく言ってこない**からです。

しかし、これは大きな間違いです。**後々、非常に厄介な問題が起こります。**

まず、税金や社会保険料を延滞している会社は、**融資を申し込んでも却下**されます。融資を断たれれば、さらに苦境に立たされることは明らかです。

納税を最優先したほうがいい理由

もっとひどいのは、**国税に突然、差し押さえられる**ケースです。

税金は遅延すると、サラ金のような高金利の遅延金を請求されます。

しかも、**銀行借り入れの債権処理のように減額されることもありません。**

私のところに相談に来られたある社長も、税金の延滞というミスを犯していました。借金が50億円ほどあり、その返済と支払いを最優先に考えるあまり、税金と社会保険料を延滞していたのです。

その社長は国税の差し押さえに遭い、最終的には物件を任意売買（任売）して処理しようとしました。ところが、地方税の滞納分の延滞金は負けてくれましたが、国税は延滞金を1円も負けてくれません。

国税の厳しい対応で、任売もできなくなってしまいました。

滞納した税金は、対策を間違えると、それが元ですべてがパーになります。差し押さえ前に対処の方法を考えておかなければ、後の祭りです。

したがって、**税金と社会保険料は、絶対に遅延すべきではありません。**納めるお金がないというのなら、**他の支払いを遅延させたほうがよほどマシ**です。

そうした事態に追い込まれないためには、納付を優先した上で、先手先手で銀行交渉を行なうことです。

ココがポイント

・税金滞納を甘く見てはいけない。考える以上に大きなしっぺ返しに遭い、復活できなくなる。
・納税遅延より他の支払いを遅延させたほうがマシ。

銀行の1行取引が危険である、これだけの理由

経営者が考えている以上にリスクが高い

中小企業の場合、1行とのみ取引しているところが多いのですが、それは危険です。

「銀行とは最低でも3行と取引してください」

私はいつもこう助言しています。

理由は、**銀行業界は相変わらず金融再編の流れの中にあるから**です。お付き合いしている取引銀行は、来年にはどこかと合併しているかもしれません。

取引銀行が吸収合併する側ならまだしも、される側だった場合、新しくスタートした銀行はもはや以前の銀行ではありません。

合併された側は権力を失い、もう以前のようには融資してくれない可能性がありま す。いきなり「お宅とはもう取引しません」と言ってくるかもしれません。

Ｉ行取引のリスクは、経営者が考えているよりも、はるかに高いのです。

相談に来られた経営者は、業績が悪くなり、リスケを申し込んだら、金利を上げられ、自宅も担保に入れるよう圧力をかけられて困っていました。

至急、取引銀行を変更し、対抗馬をつくったことで、今まで高圧的な態度を取っていた銀行がおとなしくなったということがありました。

他にも、**Ｉ行取引には取引先銀行が破たんするリスク**があります。経営者がそういう事態を想定していないとすれば、リスクヘッジを知らない経営者と言えます。

取引銀行を競争させる

また、**Ｉ行取引は、銀行側にとって独占市場**のようなものです。

商売では、何をするにしても相見積もりをとり、取引先を競争させます。競争条件はいろいろ複雑で簡単には割り切れないでしょうが、基本的には同じ資材や原料なら価格の安いほうを選択するのが商売の常道です。

1行取引では、そういう自由が利きません。**相手の言うがまま借りなければならない。競争がないということは、それだけでこちらに不利**なのです。

A行、B行、C行と取引先が3行あれば、それぞれに融資申し込みを行ない、A行のほうは金利が安いとか、B行のほうはプロパーで貸してくれる部分があるとか、条件を比較することができます。

その上で、**自分の会社のニーズによりマッチする条件を選べる**わけです。

取引銀行に競争させることは、大切です。これは、会社発展の重要な要素の1つです。

ココがポイント

・銀行は競わせてこそ、銀行の良い面が浮かび上がる。
・現在の取引銀行のライバルに当たる金融機関と取引を始めることは、メリットが大きい。

無借金経営ほど、危ない

無借金経営より実質無借金経営に

無借金経営の社長は、みなさんそれを自負しています。「すごいだろう」というわけです。

しかし、私が感嘆するのは、**「運のいい社長さんだな」**という一点のみです。これまで取引先の倒産や大地震の被害に遭わずにやってきたのだから、幸運のひと言に尽きます。

無借金経営を誇っていても、**製品の納入先が倒産**したら、その会社はただちに巻き添えを食らい、十中八九、連鎖倒産することになります。なぜなら、売掛金を回収し、新しい納入先を開拓するまでの**つなぎ資金を用意できない**からです。

「うちの取引先は大手だから、倒産の心配はない」と言う社長もいますが、このロジックもきわめて怪しいものです。

たとえば、フォルクスワーゲンを見てみるといいでしょう。

排気ガス基準の測定データをごまかしたために、世界中でリコールが行なわれました。下請け企業がどんな目に遭ったか、想像できるでしょうか？

フォルクスワーゲンに協力し、親分を復活させるといっても、そのときにつなぎ資金を調達できなければアウトのはずです。

銀行は、財務優良より融資・返済実績を重視する

融資実績のない無借金経営の会社に対して、銀行はお金を貸してくれません。

財務優良な会社なのだからすぐ貸すだろうと思っているかもしれませんが、そうは問屋が卸しません。

銀行は、借りて返した実績に対してお金を貸します。実績がなければ、いくら無借

金の財務優良会社であっても貸さないのです。

自然災害が起こったときにも、同じ状況に立たされます。

たとえば、地震で工場が半壊したとします。保険金で工場は再建できます。しかし、**営業再開までのつなぎ資金**はどう手当てするのでしょう?

銀行にお願いに行っても、「今までお付き合いしていた会社を優先しなければなりませんので」と門前払いされるのが関の山です。

そもそも**銀行は、無借金経営だから返済能力があるとは考えていません。**

まして、自然災害という緊急事態であれば、一見さんを相手にするほど、彼らが暇だとは思えません。

無借金ではなく借金経営が、中小企業の正しい経営のあり方なのです。

ココがポイント

・無借金経営だと、いざというときに「つなぎ資金」が用意できないリスクがある。
・銀行は、財務優良より融資・返済実績を信用する。

自社の返済能力を知っているか？

返済能力を導く方程式

ある講演会で社長１００人に聞きました。

「あなたの会社の返済能力はいくらなのか、知ってる方は手を挙げてください」

手を挙げた社長は10人でした。90％の社長が、自分の会社の返済能力はいくらか、知らなかったのです。口には出しませんでしたが、私は「えっ、そんなんで経営してるの？」と驚きました。ふつうのサラリーマンでも住宅ローンを組むときは、自分にどのくらいの返済能力があるか子細に検討します。

返済能力を知らなければ、銀行交渉も何もあったものではありません。

会社の返済能力は、次のようにして求めます。

年間減価償却金額＋利益－税金＝返済金額の上限

たとえば、年間減価償却費が1000万円で、利益が1000万円の会社だとすると、この会社は年間およそ1600万円の返済能力があることになります（税金を利益の40％の場合）。

このことを知っていれば、**借入金返済額に基づいて、年間いくらの利益を上げなければならないかを計算する**ことができます。たとえば、返済額が2800万円の場合、年間減価償却費が1000万円で同じならば、利益は3000万円必要です。

ふだん大ざっぱに会社の返済能力を把握しておくには、**減価償却費プラス利益の約60％と考えておく**方法があります。

完済すべき年数の目安

いずれにせよ、会社にどのくらいの返済能力があるかを掴んでおくことはとても重要です。

一番大事なことは、**その返済原資で借入総額を何年で完済できるのかを計算する**ことです。**5〜7年が理想**ですが、多くの中小企業にとって厳しいでしょう。

その場合は、**最大でも15年で返済できる会社の実力を持つ**ことが必要です。そうでないと、銀行からも高い評価を受けません。

会社の立て直しの起点は、ここなのです。

社長がこのことを把握していないようでは、銀行も簡単には相談に乗りません。まして、この社長を信用してみようという気持ちにはなってもらえないでしょう。

事業計画を策定するときにも、返済能力を頭に置いて立てる**必要**があります。

ココがポイント

・自社の返済能力の把握は、会社立て直しの起点。
・返済能力を計算する方程式で、年間の必要利益もわかる。
・最大15年で完済できる会社の実力を持つ。

1年のうちで銀行が融資拡大する2カ月を狙う

銀行員もノルマ達成に必死

銀行経営では、一番に3月本決算、次に9月半期決算の数字が重要です。**3月と9月の決算数字を上げるために、銀行ではこの両月に融資を拡大する傾向**が見られます。

銀行員もノルマを課せられ尻を叩かれるせいか、これらの月には足しげく営業にやってきます。

新規融資や追加融資、預金の獲得といったノルマを達成すれば、彼らの評価も上がるため、どこかに貸せる会社はないかと必死に探し、狙いを定めて話をしてきます。

銀行決算月は横並びですから、3月、9月にはこぞって融資先ハンティングに精を出すのです。

これは狙い目です。

彼らは「A銀行が貸しているなら、うちも貸せるんじゃないか」と考えるだろうし、「よそに取られる前に唾をつけておこう」という気にもなるでしょう。

なにせ**この時期には、貸す気運が高まっている**からです。

融資申込みがベストな月とは？

私の経験では、**ふだんは融資できそうにない会社にも、融資を押し込んでくる**ことがあります。支店それぞれに、さまざまな事情があるからです。

それを汲み上げることができれば、融資を受けることもそれほど難しくなくなります。

とはいえ、3月と9月は銀行に案件が山と積まれた状態です。その月に申し込めば、本部の稟議《りんぎ》が止まって後回しにされる可能性が高くなります。

だから私は、**2月と8月に銀行を回り、あらかじめ融資の申し込みをしておく**ようにと助言しています。

3月と9月は、銀行にとって債務処理を活発化する時期でもあります。決算期に合わせる形で任意売買やサービサーへの債権売却などを進め、バランスシートをきれいにしておこうと考えるからです。

3月と9月は、銀行交渉ではポイントになる月です。繰り返しますが、**銀行交渉を有利に進めるつもりなら、その前に準備を整えて、2月と8月に作戦を始動させる**ことです。

ココがポイント

・銀行員も、決算月の9月、3月は必死なので、融資拡大傾向にある。
・融資申込みは、8月、2月がベター。

債務処理の方法は、金融機関で変わる

都銀と信用金庫の差

銀行によって体力には大きな差があります。

1億円の債権がパアになった場合、都銀クラスならばさほど経営に影響しません。ところが、これが信用金庫になると、きわめて深刻な重大事件になります。

というのも、信用金庫の利益は2億円から3億円、良くても15億円くらいです。1億円のお金が焦げ付くと、たいていの信用金庫は利益の半分近くを失ってしまうことになります。彼らが深刻に受け止めるのも当然です。

そういう場合に信用金庫が何をするかというと、焦げ付いた1億円の債権処理を行

なわずに先送りし、少額弁済をさせます。都銀なら債権をサービサーに売却しますが、信用金庫はなかなかそうしようとはしません。

債権処理は、すべての銀行が横並びで行なうものではないのです。

500万円の債権処理も、信金にとっては痛い

この前、私の顧問先の会社が債務整理をしました。都銀と地銀からの借入分については、サービサーが入って債権の圧縮処理をしました。

私はそのときに呼ばれて借入一覧を見たのですが、信用金庫の債権だけは手つかずで、丸ごと残っていました。金額は500万円程度でしたから、私はなぜこんなものが残っているのか不思議に思いました。

「社長、これはどういうことですか?」と聞くと、「いやあ、何もしてくれないんですよ」という返事です。そこで私は、ようやく理解しました。

その信用金庫にとっては、500万円でも痛いのです。おそらく、その500万円の債権を処理しようとすれば、他も処理しなくてはならないものが出てくるのです。

それらを束ねると1億や2億になり、利益が吹き飛んでしまうのでしょう。

500万くらい早く処理しろと掛け合いましたが、彼らも死活問題にかかわるためか、やはり「うん」とは言ってくれません。

この事例からもわかるように、債権処理のバーは金融機関ごとにそれぞれの事情で設定されています。

都銀には、そのバーが5億とか10億という水準にあるのでしょうが、信金では300万とか500万という水準に設定されているのです。そのため、1億円の債権は簡単に処理できたのに、500万円の債権は処理できないことが現実に起こります。

足並みが揃わないからこそ、どこの金融機関と組むかが重要

この話は、**「信用金庫は債権処理を渋るから、バーの高い都銀の融資を受けろ」ということではありません。**都銀とお付き合いするのは悪いことではありませんが、彼らは今以上に貸してくれたり、本気で貸してくれたりはしません。

その証拠に、これまで貸してくれた分も保証協会付融資のみのはずです。

本気で貸してくれるとしたら、やはり信用金庫や地銀ということになりますが、それはともかくとしても、債権処理はそれぞれの銀行の内情によって違うことを、経営者たるものは知っておくべきです。

銀行の体力によって処理方法は変わってきます。違うからこそ、つまり足並みが揃わないからこそ、**どこの金融機関と組むか、どことどこを対抗させるかなど、うまく利用する術を持つ**ことです。

ココがポイント

・信金などは大手と違って体力がないので、すぐにサービサー処理をしない。
・債務処理の方法は、金融機関によって変わるので、どこと組むか、どことどこを対抗させるかを吟味する必要がある。

できる社長がやっている、銀行の「新規営業」の活かし方

銀行は、どんな会社に新規営業をしているのか？

金融緩和によって、金融機関はお金が余ってしょうがない状態が続いています。彼らの胸の内は、実は貸したくて貸したくてうずうずしていると言えます。実際、新規営業にもバンバン回っています。

そういう気配が伝わってこないのは、彼らがむやみやたらに営業をかけていないからです。

誰かの紹介を通してか、あるいは、**信用調査会社の東京商工リサーチや帝国データバンクが調査した数字を見て営業先を探し、「これだ」と思うところだけを回ってい**

ます。

ひと言で言えば、銀行の調査能力も地に落ちたものだという話です。

銀行側からわが社に営業させる秘策

しかし、成長力のあるわが社を訪ねてこない銀行の体たらくを嘆くよりも、銀行の調査能力の欠如を逆手にとるほうが賢明です。

逆手にとって、**彼らが進んで営業に飛び込んでくるよう仕向ける**のです。

「そんな手がどこにある？」

いや、あるのです。

信用調査会社は、それぞれの会社に点数をつけています。

私が見るところでは、**銀行は信用調査会社がつけた点数を見て、点数の高いところに営業をかけています**。

だから、点数の高い会社には銀行の営業がどっと押し寄せています。

そこで、どうすれば信用調査会社の点数を上げられるかを知る必要があります。

東京商工リサーチや帝国データバンクは、よく会社に電話をかけてきます。

「景気はどうでしょうか？　増益基調ですか？」と。

「忙しいから」と、彼らの調査に協力しない社長は少なくありません。

しかし、答えないと論外になり、悪い点数をつけられてしまいます。

逆に、**ちゃんと答えてあげて、会社にも呼び、決算書も見せ、将来の展望などをうまくプレゼンする**と、まず間違いなく数字以上にいい点数がつきます。

データ優先時代だからこそ、銀行員の責任回避を配慮してあげる

そもそも銀行の営業は、新規営業をかける際の信用調査業務を放棄しているようなところがあります。

自分の取引先の経営状況もわからないのに、自力で新規の信用調査を行なう能力が身につくはずはありません。

しかし、**貸**したいわけです。

そこで、誰かのデータを利用します。

貸したけれど悪くなったときは、銀行員は、**「私のせいではありません。信用調査会社の調査が間違っていたのです」と責任逃れ**ができます。

データ優先時代の弊害とも言えますが、この流れはどうしようもありません。

逆に、「私がこの会社は必ず伸びると判断して融資しました」と言わなくてはならないシステムに先祖返りさせれば、個々の銀行員は、過剰な責任を背負うことになり、組織がもちません。

だから、**できる限り個人が責任を取らなくて済むような営業形態や組織形態に金融機関全体がシフト**しているのです。

早い話が、お役所のような存在になっているということです。

それなら、すでに述べたように、銀行員の責任にならないようなやり方を、こちらも**心**がけてあげることです。

つまり、**信用調査会社が行なう調査に積極的に協力**する。

それは、信用調査会社の利益ではなく、自社の利益であり、自社が融資を受けるための営業活動です。

調査員はわざわざ向こうからやってくるわけですから、これほど低コストの営業活動もありません。

彼らの中に情報源をつくっておけば、他にも役立つことが出てくるに違いありません。

できるだけ評価を上げる決算をする

実は、私の会社の元従業員が信用調査会社に転職していました。

あるとき、彼を呼んで昔話をしながら、私の会社の点数を聞き出しました。

また、どういうふうに計算をするのかも聞き出しました。そして、「年間契約してやるから、点数を上げられないか」と伝えて帰しました。

銀行が新規融資の営業をかけるときも、信用調査会社の点数にバーを引いているのです。

私は、銀行が高評価とみる点数を聞き出し、**できるだけその点数を上回るように評価を上げる決算をしました。**

しばらくすると、銀行の営業が私の会社にわいわい来るようになりました。

調査能力のない銀行の顔をこちらに向かせるには、彼らの欠点を逆手にとることが一番です。

ココがポイント

・銀行は貸したがっており、信用調査会社の点数を見て、新規営業先を決めている。
・銀行の調査能力の低下を逆手にとって、信用調査会社の調査に積極的に協力して、点数を上げる。

コラム

三条メソッドで、「会社のお金」問題を解決した経営者

少子高齢化を逆手にとった経営者

――学習塾経営・某地方

政府が教育再生を掲げて以来、地方都市の駅前にも学習塾の進出が目立つようになりました。孫への教育資金の贈与が1500万円まで非課税になったことが、街の風景さえ変えてしまうということでしょう。

しかし、学習塾はいずこも万々歳かといえば、必ずしもそうではありません。教育資金の贈与非課税を当て込んだ大手学習塾が攻勢をかけ、地方の中堅学習塾はかえって苦戦を強いられています。

もともと日本では少子高齢化が進んでいますから、業界の未来も決して明るいとは言えない状況です。

私のところに相談に見えた学習塾経営者も、中堅ならではの悩みを抱えていま

した。聞けば、「売上が落ち込んで、2期連続赤字になるかもしれません」と暗い顔をしています。

この経営者は、なかなかのアイデアマンで、早くから学習塾だけでなく、パソコン教室やダンス教室など、さまざまな教室を展開してきました。

それはそれで時流に乗り、そこそこの利益を上げていました。とはいえ、本業の学習塾の不振を補うほどの収益の柱にはなりえません。

「少子高齢化で子どもがますます少なくなっていますから、お先真っ暗です。借金もありますから、どうすればいいのかと心配で、心配で」

すっかり意気消沈し、明るいことを何も考えられなくなっている様子が、私には手に取るようにわかりました。

そこで、まずは2期連続赤字にならないように決算書の会計処理方法を変更し、同時に、今後の事業展開次第では会社として大きく伸びるというストーリーを組み立てて、積極投資を行なう事業計画書を作成することにしました。

ブランド力などで勝る大手と競合すれば、負けることはわかっていますが、とにかく教育資金贈与の非課税が目の前にぶら下がっているわけですから、銀行が納得しやすい事業拡大のストーリーを生み出すことは、難しいことではありません。

それらを取引銀行に提出したところ、融資が下り、半期分の資金繰りに目途がつきました。

そこで次のステップとして、会社の収益構造を変えることに着手しました。利益率の低いダンスなどの教室をリストラし、経営資源を集中投下して、新しい収益の柱をつくらなければ、会社の未来はありません。

このような場合、私はよく相手を質問攻めにします。

当たり前のことですが、新たな事業と言っても、右も左もわからない分野に進出するのは愚の骨頂です。銀行が「なるほど」と納得してくれる道理もありません。

新事業は、あくまでこれまでの経営スキルを生かせる教育分野がいいに決まっていますが、その分野のことを一番よく知っているのは、他の誰でもなく経営者ご本人だからです。

ところが、ご本人には長年の経験による固定観念がありますから、新事業のタネが目の前に転がっていても、従来の常識が邪魔をして、そのことになかなか気づきません。

私があれこれ質問攻めにするのは、経営者の固定観念を壊し、いろいろな新事業のタネが目に映るようにする効果を期待してのことです。

もう一つ私が考えたのは、このアイデア豊富な経営者の性格でした。ふだんは並々ならぬ発想力を発揮するのですが、手持ちの資金が寂しくなると、やけにテンションが落ちる、わかりやすいタイプだったのです。

私は、「手持ち資金を分厚くする戦法が必要だな」と考えました。

というのも、心にゆとりのないまま経営を続けていれば、持ち前の発想力も生かせないからです。

「手持ち資金を分厚くできるような新事業を考えなければいけない」

私はそう考えたわけです。

話を聞くうちに、経営者からはいろいろなアイデアが出てきました。

経営者がもがき苦しんだ末にたどりついた将来性を感じさせるビッグアイデアは、障害を持つ子供たちへの教育支援サービスでした。

この経営者によれば、子供たちが抱える障害の種類は実に多様で、軽度から重度までを含め10人に2～3人が何らかの障害を抱えている状況だと言います。

この手の話は、あまりマスコミも報道しませんが、小学校の教員などの間ではすでに周知の事実になっていると言います。

国も対策に乗り出しており、そういう子どもたちに提供される教育支援サービスには補助金が下りる仕組みになっています。たとえば、親の負担は1割で、残りを国が負担するという具合です。

この分野には他業界からの参入が多く、本来の教育を軽視するがゆえの問題も出ています。いわゆる、補助金目当ての事業をする輩です。

学習塾の経営者なら、その問題を大きく改善し、障害を持つ子供たちの親が十分満足する教育サービスを提供できるに違いありません。

ここで大切なことは、この経営者の教室が選ばれる理由を明確化することでした。同業他社との差別化が、成功させるためのポイントでした。

そのためにも、資金力のある大手が参入する前に、地元地域での圧倒的なシェアを握り、確固たる地位を築くことでした。

しかも、補助金付きのビジネスですから、銀行も融資をするのに大きな心配はしないはずです。

そこで、さっそくパイロット教室を立ち上げることにしました。

この経営者は、地元県の学校や教育委員会などにネットワークを持っているのですが、その人脈が支援体制を取ってくれました。

パイロット教室はすぐに評判を呼び、「これはいける」ということになりました。

銀行もすんなり融資を行なってくれました。

こうなると、もうこちらのものです。自信みなぎる積極経営に転じた経営者は、次々にアイデアを生み出し、評判もどんどん高まっていきました。

今では、地域ナンバーワンになるために積極投資を行ない、他社の追随を許さない地位を固めるために、銀行も積極的に融資をしてくれるまでになっています。銀行の交渉の仕方や新たな銀行へのアプローチ方法などを伝授して、融資拡大を画策しました。

経営者自身も打ち合わせどおり進めてくれたおかげで、私が描いたとおり、この会社の手元資金も分厚くなりました。

銀行は、他行が貸し出すと、自行も貸し出そうと競争し始めます。その原理をうまく利用し、銀行を手玉に取った形です。もう資金的な心配は必要ないでしょう。

障害を持つ子供たちの教育施設で地域ナンバーワンを達成した暁には、全国にフランチャイズ展開する予定です。その先には、株式の上場まで本気で考えてがんばっていらっしゃいます。

最初にお会いしたときの弱気な様子はもはや影も形もなく、まるで別人のような力のみなぎり方です。

少子高齢化で経済のパイが小さくなっていくことは、中小企業経営者の頭痛の種ですが、「仕方がない」「打つ手がない」という受け止め方はいただけません。

それを逆手にとり、会社の拡大発展に結びつける方法は、どこかに必ず残されているものだからです。

強い経営者は、追い込まれたときのほうがすばらしい発想を生み出すものです。

第2章

銀行交渉前に必ずやっておきたい準備と知恵

自分の会社の資産と負債状況を、きっちり把握しているか？

経営者が、銀行交渉下手である最大の原因

私がこれまで見てきた限り、銀行交渉を自ら進んでバンバンとやっている社長は、まずいません。

もちろん融資を頼むときには銀行に出向いて、ざっくりした話はすることでしょう。ですが、後は**経理の人間や誰かに丸投げし、あまり細かいことにはタッチしません。税理士に任せっきりの社長も、しばしば見受けられます。**

中小企業の経営者がおしなべて銀行交渉下手である理由は、そういうところによく表れています。

つまり、**他人に任せっきり**なのです。

自分で苦心してやらないから、銀行の仕組みやお金の仕組みについて、いつまで経っても開眼することができない。

開眼するかしないかでは、会社経営に天と地の開きがありますが、その肝心な部分を理解することができないのです。

会社の資産と負債の状況のチェックリスト

今、この本を読んでいるあなたは、自分の会社の資産と負債の状況をきっちり把握しているでしょうか?

「把握しているよ」と自信のある人は、次のことにすぐに即答できるか、チェックしてみてください。

◎どこに資産があるのか?

◎その資産に対して、どこの銀行がいくらの担保をつけ、その物件の時価はいくらなのか?

◎銀行が担保につけたのは、抵当権なのか、根抵当権なのか？

◎これまでの銀行借り入れのどの部分がプロパーであり、どの部分が信用保証協会の保証によるものなのか？

◎保証人は、誰なのか？

◎誰が個人保証になっているのか？

いかがですか？

まだまだ他にもチェックすべき点はありますが、**これらのことは、経営者として最低限把握しておきたい重要項目**ばかりです。

銀行員に「金融に疎い社長」と映る人

資産と負債の状況は、大企業であれば専門の部署、たとえば、財務部の担当者が事細かく把握していることです。

ですが、中小企業にそういう専門部署があるはずもなく、**経理の人間に任せるとい**

っても限界があり、法律や金融の十分な知識がないため、相当に無理があります。したがって、それができるのは、社長本人でしかありません。

社長が細かい数字を把握する必要はありません。大枠の話で優位な交渉を銀行担当者としなくてはいけないのです。

にもかかわらず、経理に任せて、かなり不利な条件を飲まされている会社もよく見かけます。

銀行員にとって、社長が自社の状況をきちんと把握していなければ、融資も何もあったものではありません。

ただ自分の都合だけでお金を借りにきた社長、融資さえしてもらえばいいやと考えている社長、そういう金融に疎い社長としか映らず、扱いやすい社長とバカにされるのです。

仮にそういう状態で融資が下りたとしても、銀行とまともな信頼関係が築けるはずはありません。銀行とも常に「相手が何と思うか」ということを考えて付き合っていかなければいけないのです。

言うまでもなく、資産と負債の状況をしっかり把握できているかどうかは、会社の死活問題にもかかわることです。

にもかかわらず、**把握する努力をしないとすれば、自分の目で装備を確認すること****もなく、険しい雪山の登山に向かうようなもの**です。

危険極まりないことをやっているわけですが、たいていはご本人にその自覚がありません。

窮地に追い込まれ、私のところに相談にやってくる社長さんたちがみな同じような**問題を抱えている**のは、知るべきことを知ろうとせず、準備すべきことを準備しなかったからです。普段着で会社経営という雪山に登り、遭難しかけている人たちと言えます。

銀行は、あなたの会社の財布の中身を徹底的に調べている

一方、**相手方の銀行は、あなたの会社のことを十分に調べています。**もちろん、わからないことがあれば、「これは、どうなっていますか？」と書類の提出を求めてき

ます。

もし、相手が会社の入金口座のある銀行ならば、さらに入念に会社に対するチェックが行なわれていると考えておかなければなりません。

なぜなら、**いつ、どこから会社にお金が入ってくるか、全部把握されている**からです。

銀行の融資担当者と融資を申し込んだ会社の社長との間に、これほど大きな情報格差があれば、交渉と呼ぶに値するようなものが行なえるはずはありません。

勝負は、始まる前についているのです。

中小企業の経営者は、製品づくりやサービスづくりなど、事業の現場のことについてはよく頭が回るし、アイデアも豊富です。

しかし、ことお金になると、勘定はどんぶりで、しかも、人任せになっています。

銀行との交渉を有利に進め、十分な融資を引き出すためには、せめて資産と負債の状況は把握しておかなければなりません。

財務の総責任者は自分しかいない。その決意を持つことから始めなければならないのです。

ココがポイント

- 銀行との交渉を有利に進めるためには、経営者本人の資産・負債の把握が最低条件。
- 人任せの銀行交渉は墓穴を掘る。
- 会社の資産と負債の状況をチェックリストで、徹底的に把握しておく。
- 銀行は、あなたの会社の財布の中身を徹底的に調べていることを自覚しておく。

「資金繰り表」を生かすも殺すも、経営者次第

すべて現金主義でつくる

私が中小企業の社長さんたちを指導する上で、必ずつくっていただくものがあります。

それは、資金繰り表です。

中小企業の経営者で資金繰り表をつくっていない人は、実にたくさんいます。しらみ潰しに調べたわけではありませんが、私の感触では、**90％以上の社長が資金繰り表を一度も作成したことがない**のではないかと思っています。

これをつくらないまま会社を経営しているとしたら、目をつぶった状態で山道を歩

いているようなものです。必ず、つまずいて転んだり谷に落ちたりします。

資金繰り表とは、今後の半年先、1年先までの間、会社に毎月いくらの現金があるかを示す表のことです。

これは、**すべて現金主義で作成**しておく必要があります。

一般によく行なわれる帳簿の処理では、たとえば売掛金などの現金化されていない売上を計上しています。こうすると、たくさん売上があり、帳簿上は儲かっているように見えます。

ところが、売上が立っていても売掛金の回収が進んでいないために、会社の口座に現金がないという事態は往々にして起こります。資金がショートすれば、黒字倒産です。

ですから、**現金化されていない売上は、計上すべきではありません。**売上も現金主義、会社の口座にお金が入ってこその売上なのです。

「人任せの資金繰り表」のデメリット

私が**「1年先までの資金繰り表をつくってください」**と言うと、相談者の中には「どうしてもできない」と言う社長さんもいます。

理由を問うと、「売上の予想がつかないんですよ」と言います。しかし、銀行に融資のお願いに行けば、必ず資金繰り表と事業計画書を要求されます。

私は不思議に思って、「そのときは、どうしているのですか?」と尋ねると、「税理士に適当に絵を描いてもらい、それを銀行に持って行っています」というお答えでした。これは、非常にまずいやり方です。

自分の会社の計画にもかかわらず、まったく人任せにしているということです。

こんな計画を立てる相手に、銀行が十分な資金を貸してくれるでしょうか?

私は、貸してくれるわけがないと思います。

今まで人任せの資金繰り表で通用していた経営者の盲点

それでも資金繰り表の重要性は、なかなかわかってもらえません。今まで人任せで通用してきたのだから、これからも通用するだろうと考えています。

私が言いたいのは、**勢いがあるうちはいい**ということです。

しかし、勢いが止まったときは八方塞がりになり、どうしたらいいかわからなくなります。売上がぐんぐん伸びているうちは、問題が発生してもその勢いで解決できることもありますが、それが**右肩下がりになったときは、手の打ちようがなくなってしまう。**

それでもいいですか、ということです。

資金繰り表や事業計画書を人任せにする社長は、事業がうまくいかなくなると、**銀行に「調子悪くなった」という話をしがち**です。

「調子が悪くなった」とは言わないまでも、そうとしかとれない話をして、「だから運転資金を貸してくれ」と切り出すのです。

これでは、**銀行からお金は出てきません**。

銀行からお金を出させるには、真顔で「良くなります」と言わなければいけないのです。

そのためには、

「今ちょっとこういう事情で悪くなっていますが、でもこういう見通しがありますから、必ずまた良くなります。大丈夫です」

と、**たとえ嘘でも見通しの明るいストーリーを組み立て、相手を安心させることが重要**です。

ところが、事業計画を人任せにする社長は、こういう肝心な勝負所で相手を圧倒するような話ができません。

「銀行では、映画俳優になったつもりで演技してください」と言っても、モードやギアをチェンジできません。事業計画を人任せにしたと同様に、**お金が出てくるかどうかを銀行任せにする**わけです。

これでは、さすがの私も匙を投げざるをえません。**たとえ自分は不安でも、お金を出す人間には安心感を与えなければならない**のです。

それを改めるとしたら、資金繰り表を自らつくり、「どうしても金が要る。踏ん張るぞ」と身も心も練り上げていくことが大切です。

ココがポイント

・資金繰り表は、人任せにせず、社長自ら「現金主義」でつくる。
・人任せの資金繰り表は、銀行の信頼を下げる。
・自分が不安でも、銀行には見通しの明るいストーリーを組み立て、安心感を与える。

社長自ら「資金繰り表」をつくる最大メリット

見えなかったものが見えてくる

実は20代の頃、私も資金繰り表づくりにはずいぶん苦労しました。

ご多聞にもれず、私も最初は売上予測をうまく立てることができませんでした。毎月のように予測と実績が大きく外れるため、それこそ四苦八苦しました。

ところがおもしろいもので、くる月もくる月も修正を繰り返していると、だんだんに売上予測と実績が近くなっていきます。

理由は、予測と実績がなぜ違うのかをそのたびに検証し、1つひとつ原因の究明に取り組んだからです。

資金繰り表に取り組むメリットは、2つあります。

第一に、売上予測と実績が異なる原因を追及していくうちに、入金予定の現金がなぜないのか、その原因はどこにあるのか、**自社のシステム上の問題点が見つかる**こと。

第二に、年間を通して、どの時期にお金が余分に必要になるという**季節的な要因が見えてくる**こと。

こうしたことがわかってくると、いつ頃資金手当ての準備をしなければならないかという点も明確になります。それ以外にも、今まで見えていなかった会社固有の問題や事情がくっきりとした像を結びます。

資金繰り表をうまくつくれるようになったとき、私は事業のディテールを含めた会社の全体をガッとわし掴みにしたような感覚を覚えました。自信も湧き上がってきました。

私はそれまで親父がいるからと頼っていたところもありましたが、このとき経営者としての自信が湧き上がってきたことを今でも覚えています。

経営者として大切な2つの力を鍛える

以来、借入に自信のなかった過去の自分が嘘のように消え、**いくらでも借入できる自信**がつきました。最終的に140億円に上る借入ができたことは、まさにそのおかげでした。

会社全体の把握ができれば、事業計画書ももちろん自力で容易に作成できるようになります。

だから、現在お手伝いしている顧問先にも「描くてもいいから、自分で計画書を作成してください」とお伝えしています。経営者として自立してもらうことが、将来とても大切だと考えているからです。

銀行員に聞いても、「人につくってもらった立派な計画書より、社長が苦労してつくった計画書で自ら説明してもらったほうが、よほど説得力がある」と言います。

企業経営者は、**「考える力」**と**「決断する力」**が大切です。

その2つの力の源泉をさかのぼっていけば、資金繰り表にたどりつきます。

ですから、私はいつも「資金繰り表をつくってください」とお願いしているのです。

ココがポイント

・資金繰り表づくりは、「自社の資金繰りシステムの問題点」「お金が必要な季節的な要因」を明確にする。
・借入の自信をつけ、経営者としての2つの力を鍛えられる。

信用は、「銀行の言いなり」になっても得られない

銀行は、なぜお金を貸すときに担保を取るのか？

ご存じのように、銀行は融資をする際に担保を取ろうとします。

ほとんどの社長は、**お金を借りれば担保を差し出すのが当たり前**と考えていますが、なぜ当たり前なのか、その点を深く考えたことはあるでしょうか？

銀行にとって一番大事なことは、貸したお金とその金利を期日までにきっちり返してもらうことです。

仮に、返済が１００％間違いなく行なわれることがわかっていれば、銀行も担保を欲しいとは言わず、無担保で貸してくれるでしょう。

裏を返せば、**銀行はこちらをまったく信用していない**ということです。

また銀行は、担保だけでは足りずに、社長の個人保証をつけてほしいと言ってきます。そればかりか、社長の奥さんの個人保証を要求してくることもあります。

何か不測の事態が生じて倒産し、社長が丸裸になってしまうような場合、事前に資産を奥さんに付け替え、差し押さえを逃れるケースはよくあります。

そこで銀行は、奥さんにもあらかじめ個人保証をつけておき、**取るものを最大限取れるようにしておく**のです。

銀行は、お金を借りる側の人間のことをそういう目で眺め、最初からその対策をがっちり取っておこうとします。

ですから、**銀行をビジネスパートナーと考えるなら、こちらも銀行と同じくらい強力に、身を守る術と知識を身につけておかなくてはなりません。**

法律が変わっても、未だに続く個人保証4種類の中身

個人保証には、4つの種類があります。

◎保証人……いきなり債務の支払いを求められないものの、主たる債務者が破産手続き開始決定を受けるか行方不明にある場合は、抗弁権（保証人が債権者に対し、まず主たる債務者の財産から取り立てをするよう要求する権利）を持たない。

◎連帯保証人……主たる債務者と同じ義務を持つ。

◎根保証人……将来発生・増加・減少する一定の範囲内の不特定の債務を極度額まで保証する特約を付した保証の当事者のこと。

◎物上保証人……自己の財産をもって他人の債務の担保に供した者のこと。

実は、第三者に連帯保証人を求めることを原則禁止する法案が可決され、今後は正式に民法の改正が行なわれる予定です。

そのため、金融庁は2011年7月14日に金融庁監督指針を一部改正し、そこに新たに中小企業、自営業者の個人保証を求めてはならないこと、また第三者連帯保証を原則禁止することを盛り込みました。

とはいえ、社長個人の資産を担保として求められていた現状が変わったとも言えません。

私が知る範囲では、**社長は相変わらず個人保証を求められているし、親族の個人保証もなかなか外してはくれません。銀行は、一度行なった個人保証はなかなか外そうとしません。**

何か不測の事態が起こった場合でも、奥さんと子どもにはちゃんとしたものを残してやりたい。中小企業の社長さんたちは、みなさんそう考えています。

もちろん、**社長自らが目いっぱい個人保証しているからといって、いざというときに家族を守れないということはありません。**

おいおい説明していきますが、その方法や技はちゃんとあります。

ですが、そういうことを勉強せず、お金のことを人任せにしていれば、銀行に言われるがままに裸になるしかありません。

現在、個人保証の件は過渡期ということなのか、それとも形を変えて悪しき慣習が残り続けるのか、今後の成り行きには注意しなければなりませんが、ことほどさように、中小企業の社長は信用されていません。

銀行の言いなりになった分だけ、銀行側の思うツボにはまる

しかし、**銀行に信用してもらいたいからといって、銀行の言うことに何でも「はい、はい」と従ってはいけません。**従えば従ったで、銀行はこちらの手足をもっときつく縛ろうとしてきます。

特に銀行交渉では、**銀行のロジックを受け入れるのではなく、中小企業のロジック、会社経営のロジックを銀行に受け入れさせるくらいの気構え**で、事に当たる必要があります。

それ以外に、中小企業が元気を取り戻す道はないとさえ感じます。

私は、銀行が要求する個人保証は中小企業の事業再生を阻む諸悪の根源だと考えていますが、それはそれとして、銀行の手の内をよく研究し、彼らの思うツボにはまらないよう知識を増やし、知恵をつけ、手段を尽くす努力を惜しんではなりません。

ココがポイント

・銀行は、こちらをまったく信用していないと心得ておく。
・個人保証をしていても、いざというときに、家族を守る技や方法がある。
・銀行の言いなりは、相手の思うツボ。だから、銀行の手の内を研究し、知識・知恵を身につけておく。

「期限の利益の喪失」の意味を正しく理解し、この方法で難局を切り抜ける

「3カ月間」という絶対期限

金融機関に3カ月間、金利を払わなかったら、「期限の利益」を喪失します。

「期限の利益」とは、債務者の利益のことです。

金銭貸借では、お金を借りた側は期限が訪れるまで、そのお金を自由に使うことができます。

また債権者が「お金を返してくれ」と請求しても、債務者はそれを拒むことができます。

期限がやってくるまでは、お金を借りた側は貸した側の事情に縛られず、また貸し

た側の要求に従う必要もないということです。

しかし、3カ月間金利を払わない場合は、債務者はこの「期限の利益」を失ってしまいます。それを法律用語で「期限の利益の喪失」というのです。契約書の条項には、この条件が必ず盛り込まれています。

「期限の利益の喪失」の難局を切り抜ける方法は、ある

さて、期限の利益を喪失すると、どういうことが起こるでしょうか？

契約にはふつう、「期限の利益を喪失した場合は、残金を全額一括払いする」との条項があります。

つまり、**期限の利益を喪失すると、残金全額一括返済の請求がくる**ことになるわけです。

借りている側は、金利の支払いさえできないのですから、残金を一括返済できるわけがありません。

すると銀行は、資産の差し押さえなど法的処理の手続きをとることができます。大変なことが起こるわけです。

中小企業の経営者は「期限の利益の喪失」が何を意味し、どういう緊急事態をもたらすかよくわかっていると思います。

しかし、**瀬戸際に追い込まれ、銀行交渉で難局をひっくり返した経験**がなければ、その本当の意味も、切り抜け方も、実際には何もわかっているとは思えません。

だから、いざそのときになると、気が動転し、あてもなく金策に奔走し、何も考えられなくなる社長が多いのです。

銀行が何をどう考えるかということや、彼らが次に何をしてくるかということを知っていれば、この難局に対しても切り抜ける方法はあります。

たとえ期限の利益を喪失しても、命をとられるわけではありません。

正しい方法、正しい順序で対処していけば、出口は必ず見つかります。何も恐れることはありません。

その第一は、金利だけでも払い続けることです。

金利さえ払っていれば、期限の利益を喪失することはなく、銀行はあなたの会社に対して何ひとつ手出しができません。

金利の支払いができないような状況に追い込まれていたとしても、打つ手はまだあります。

最終的には私がそうであったように、「期限の利益の喪失」を逆手にとって利用し、銀行交渉を進めるウルトラCを使うこともできます。

社長たるもの、そのくらいに長《た》けた実務能力を備えておくことが重要です。

手形貸付でも、不渡りにならないケース

期限の利益の喪失では、よく手形貸付のことが問題になります。

ご存じのように、一般的な銀行融資は、**証書貸付**で行なわれます。

これは、証書（契約書）に基づく貸し付けで、毎月元金を返済しながら、金利も支払うパターンです。

一方、**手形貸付**は、まず金利だけを払い、手形の期限に一括返済するパターンです。

手形貸付は証書貸付と異なり、手形に金額と期限しか記載されていません。期限内

に一括返済できなければ期限の利益を喪失し、不渡りとなります。

一度不渡りを出してしまうと、もうどこもお金を貸してくれなくなります。その後6カ月以内にもう一度不渡りを出すことになると、会社はその時点で倒産してしまいます。

しかし、手形貸付で一括返済できなければ必ず不渡りになるかといえば、そうではありません。

不渡りにならないケースは、銀行が手形貸付をした場合です。

ほとんどの経営者は知らないのですが、銀行は手形貸付で貸し出した融資を絶対に不渡りにしないのです。

実際期限がきて、一括返済できない場合はどうするか？

「払えないのです。どうしても無理なんです」と事情を説明するしかありません。

すると**銀行は、交渉次第ではこの分を証書貸付に替えてくれます。**

「元本はともかくとして、金利だけは何が何でも払ってくださいよ」という形にしてくれるわけです。

そうはいっても、本当にそうしてくれるのだろうかと恐れる気持ちがあって当然です。**中小企業の社長はみな、手形はすべて危ないと思い込んでいる**からです。

私もよく相談を受けます。

「銀行が手形で貸すと言っているんだけど、後々まずいことにならないだろうか」

「不渡りを心配しているんですか？　銀行は不渡りにしても得にならないから、絶対にしませんよ。大丈夫、そのときは、証書貸付に替えてくれるから、借りとけばいいんです」

銀行は、手形が落とせない事態を十分に見越しています。銀行が手形貸付で貸すという場合は、万が一、手形を落とせないときでも問題は生じません。

いざというときには、「当座貸越」を活用する

もう1つ中小企業の社長が知っておくべきは、当座貸越の存在です。

これは、銀行の当座預金を持つ企業が設定できる、一定の範囲内で手形などの支払いを行なってもらう制度です。

「当座貸越の設定をお願いします」と総合口座のある銀行に申し込むと、設定するこ

とができます。

たとえば、5000万円の当座貸越を設定した場合、3000万円の手形を落とす期限に当座預金が1000万円しかなかった場合でも、銀行が残りの2000万円を当座貸越してくれます。

仮に当座預金残高がゼロだった場合でも、銀行が3000万円まで貸してくれます。5000万円の枠があれば、当座預金をマイナス5000万円にまですることができるわけです。

つまり、これは5000万円借りているのと同じことです。

もちろん、当座貸越の設定には担保を必要とする場合もあります。金利の水準も通常より高く設定されています。

とはいえ、いざというときに5000万円の融資をお願いすることを考えれば、**はるかに簡単で使い勝手もいい**のです。

手形の支払いが迫っていても、余裕をもって業務に専念できます。

また、かつて「短コロ」というものがありました。まったく返済なしで、金利だけ支払い続ける借入制度です。

バブル崩壊やリーマンショックにより、この制度は消えてしまったのですが、金融庁の中小企業支援策として復活しています。

もし、借入を「短コロ」に変更できれば、返済がないので、資金繰りが大きく改善します。

銀行と交渉する1つの策として知っておきたい制度です。

ココがポイント

- 「期限の利益の喪失」の意味を正しく理解する。
- 「期限の利益の喪失」の難局を切り抜ける方法はある。
- 手形はすべて悪いものではない。銀行の手形貸付は、不渡りにならない。
- いざというときに、「当座貸越」の設定をする。

銀行提出書類を整理する際に、必ずやるべきこと

銀行別で記録し、銀行別にファイリング

銀行交渉は、そのとき限り、その場限りのものではなく、今までの積み重ねです。**これまでどういう交渉を行なってきたか、取引銀行ごとにしっかり記録を残しておく必要があります。**

ほとんどの中小企業では、取引銀行にどの書類を提出したかを含めて、記録をとっていません。まして、それを銀行別にファイルして保管している会社は、ほとんど皆無です。

私は多くの会社から相談を受けます。

相談の内容は差し迫ったものが多く、そのときは実践的な解決策の案出に力を注ぎますが、同時に「基本のキ」として、**銀行別の記録を残す**ことをお願いしています。**交渉の日付、銀行員名、話し合った内容、相手が見せた反応、提出書類**などを、銀行ごとに一元管理してもらいます。

たとえば、営業マンが客先を訪問すれば、どのような役職者とどのような話をし、何を売り込み、相手のニーズがどういう点にあったか、すべて上司に報告します。そして、その記録や資料の一切をファイルに整理し、次の営業のための資料として保管します。このような積み重ねがあってこそ、将来の大きな商談につながるわけです。

銀行サイドは、あなたをすべて記録している

交渉において銀行サイドは、過去の融資の申込みで話し合った内容、提出された資金繰り表や計画書などの書類、その他一切をきちんと整理して残しています。

融資の申込みがあれば、銀行員はこれまでの記録にしっかり目を通し、その後に交渉に臨みます。

銀行員の頭にはこちらのことが入っている。しかし、こちらの頭には銀行のことが入っていない。

これでは、戦いになりません。

特に中小企業は、銀行によって話す内容を変えなければならないときがあります。

その意味でも、記録の保管は重要です。

「この前うかがったことと話が違うんじゃないですか」ということになれば、借りられるものも借りられなくなるかもしれません。

間違いのない交渉を進めるためにも、銀行別の記録整理をしておくべきです。

ココがポイント

・銀行別に、交渉の記録を残し、ファイリング。
・ファイリングは、対等に交渉を進められ、間違いのない交渉につながる。

「自己破産」は、最後の手段

多くの弁護士は、安易に自己破産を勧める

「自己破産したほうがいいでしょうか？」

どう対処していいかわからなくなった社長から、よくこういう相談を受けます。

自己破産をするかどうかで悩む経営者たちの借入金は、住宅ローン程度の額にすぎないケースがほとんどです。

「そのぐらいの額で破産して、人生どうするというのですか」と声をかけますが、「もうやりようがない」と肩を落としています。

私のところに来る前に、たいていはすでに弁護士との相談を終えています。最後に引導を渡す役目を託してきたとでもいうような感じですが、人生いつでも逆転できるのだから落ち込まないでがんばってほしいと勇気づけます。

弁護士は、法的な処理しかできません。だから、彼らは経営者の精神的苦痛を取り除くことを第一に考えます。破産によってその人の人生が今後どうなるかなどは、二の次になります。

弁護士にはできる範囲が決まっています。だから、私の場合は「ここまで私がやりますから、その後は弁護士にお願いする」というようにしています。

ややこしい事例になると、彼らは自己破産を勧めるのです。

「もうやりようがない」という考えは、弁護士から見た見解です。

弁護士に相談したところで、彼らに何がわかるのでしょう。ただ、「法律に則った手順に従えば、やりようがありませんね」と言っているだけです。その法律にしても、グレーゾーンが存在し、**うまく抜け穴から生還する人は存在**しています。

もし、弁護士が常に正しいなら、私も今日、こうして復活してはいなかったでしょう。

中小企業経営者の自己破産がある意味で利権化されている現状を、私は強く憂えます。

能力・情熱があるなら、自己破産をしてはいけない

日本の自己破産は、たいへん劣悪な制度です。

自己破産すると官報に載ることになります。

一般に自己破産者の掲載期間は、官報で10年、銀行系の個人信用情報でも10年で、その間、新たな借入はできなくなります。もちろん、ローンを組むこともクレジットカードをつくることもできません。

10年が経過しても、なお金融機関のブラックリストに残ることがあり、新たな借入は難しいとも言われています。

能力も情熱もある経営者が自己破産によって10年間も島流しにされ、事実上、復活の道を断たれる。それが日本の自己破産制度なのです。

これがアメリカなら、すぐに復活できます。アメリカ大統領候補のドナルド・トランプ氏は何度も破産をし、そのたびに復活して今や大富豪です。

しかも、日本では破産申請をするにもお金が要ります。ややこしい人たちとかかわり、身を守る知識も情報もないために、破産申請さえできずに夜逃げ状態になる人もいます。

今の中小企業制度の下では、できる限り自己破産をしないで再スタートをする方法を考えることが大切です。

まだまだ働き盛りだというなら、なおさら自己破産なんかすべきではない。私はいつもそう考え、相談に来られる方の翻意を強く促しています。

自己破産はいつでもできますが、それは最後に取るべき手段です。自己破産を逆手にとって利用するならいざ知らず、安易に自己破産を選択してはいけません。

中小企業経営者が一度失敗しても、すぐに復活できるような再チャレンジできる社会になれば、日本の中小企業も活性化して、起業する若者ももっと増えてくるだろうと期待しています。だから、制度を変えたいと願っています。

ココがポイント

・多くの弁護士は、会社や経営者の将来を気にせず、安易に自己破産を勧めるが、それを鵜呑みにしてはいけない。
・日本の自己破産制度は、10年以上能力・情熱を塩漬けにされる、復活の道を断つ制度。働き盛りなら、なおさら。
・自己破産は、いつでもできる。簡単に手を出してはいけない。

銀行に、すぐに返答してはいけない

銀行が進んで条件を提示したときは、特に要注意

融資の交渉中に急に電話がかかってきたり呼び出されたりして、

「こういう条件でなら融資できます。契約書を作ろうと思うんですが、これでいいですか？」

と返答を求められることがあります。

ほとんどの社長は、そのときすぐに返事をしなければならないものと考え、あまりよく理解しないまま「はい、いいですよ」と答えてしまいます。

とにもかくにも、融資をするという話ですので、**銀行交渉がうまくいったと勘違いする経営者が多いのですが、これでは交渉と呼ぶに値しません。**

相手の要求を丸呑みしているだけですから、交渉負けそのものです。

銀行が進んで提示する条件というのは、銀行にとって非の打ちどころのない条件です。逆に言えば、**借り手に大きな負担がかかる条件**なのです。

もちろん、その負担がどういう形で乗っているかという点は、一度に理解できるものではありません。銀行のやり方は、そういう点でとても巧妙です。

後になって気づいて、「やっぱり、この条件ではちょっと……」と申し出るのは無様です。代表取締役が一度「OKです」といったわけですから、それを覆すことは信用の失墜にもつながります。

ですから、**銀行から急に条件が提示されたときは、すぐにOKと返答をしてはいけません。**

とにかく「いったん持ち帰る」

私は、銀行にあれこれ条件を提示されたとき、すぐに「わかりました」とは絶対に言わないようにアドバイスしています。

ひととおり説明を聞いたら、**「持ち帰って、社長や会長などと相談して検討してみます」**とさっさと帰ってしまいます。そして、じっくりと検討を加え、**相手が何をどう考えているのか、それは妥当なのか**、ひとしきり思案します。

その上で、**銀行から一定の譲歩を引き出すロジックと条件**を考え、それを相手に伝えます。

こうすると、融資決定までの時間は多少長引くかもしれませんが、**銀行の担当者との信頼関係はより深まっていきます。**

交渉は、「取った、取られた」の戦のようなものですが、同じ戦うなら、手応えのある人間と一戦を交えたい。銀行マンにもその思いはあるはずです。

1つ条件を提示されたら、必ずこちら側からも1つ条件を提示するという交渉をしたいものです。

ココがポイント

・たとえ融資の話でも、銀行からの条件提示があったときは、即答してはいけない。
・いったん持ち帰って、じっくり検討してやりとりする。

銀行交渉で絶対言ってはいけない禁止フレーズ

銀行員に舐められる言葉

「運転資金が足りないので、貸してほしい」

銀行にお金を借りに行く99%の中小企業経営者は、こういう言い方をしています。

もちろん、社長の頭の中には、あれにいくら、これにいくらといろいろな資金使途が詰まっています。それがなければ会社は回っていきませんから、「運転資金」以外の言葉が見つからない気持ちも、わからないではありません。

しかし、**この言葉を聞く銀行員はどう感じるでしょうか？**

「運転資金」と言わなくてはならないような、**資金使途の漠然としたお金**が、なぜ必要になるのだろうか？

それは、経営のやり方が悪いからお金が足りないというだけの話だろう。実際、この社長は、財務のことも何も把握していないように見える――。

単刀直入に言えば、**「信用ならない」と感じている**のです。

手厳しいかもしれませんが、あなたがもし銀行員だったら、やはり同じように思うのではないでしょうか？

だから、私は、相談者によくこうお伝えしています。

「銀行に舐められたいのなら、『運転資金』という言葉を使いなさい」

「運転資金」より説得力があるキーワード

こちらの目的は、あくまでお金を借りることです。その目的を遂げたいと考えるなら、**銀行員にもわかる言葉を使わなければ、お金は出てきません。**

名目は何でもいいのですが、たとえば**「仕入れ資金」**や**「設備投資の資金」**です。

仕入れ資金は、ちゃんと仕入れてお金になります。利益率はこれだけあって、返済は今よりもスムーズになります。そのために必要なお金だから、貸してください。

これなら、**銀行員も納得し、聞く耳を持つ**でしょう。

私のことを言えば、私は今まで一度も「運転資金」という言葉を使ったことがありません。いつも**資金を必要とする根拠を示し、実行すれば資金繰りが改善するという計画書**も出しています。

このように記すと、私がさも有能であるかのように思えるかもしれませんが、実際はそうではありません。

私が大変だった頃は、銀行に伝える根拠や計画は、たいていは限りなく黒に近いグレーでした。もちろん、そういう話はおくびにも出しませんが、本当は従業員への給料支払いのために必要な資金だったこともあります。

「仕入れ資金として使った証拠を見せてほしい」と言われたときの秘策

私の場合はそれで問題が生じたことはありませんが、私が受けた相談例にはこういうケースがありました。

仕入れ資金の名目で融資を受けた際に、銀行の担当者から「相手先に仕入れ代金を振り込んだら、振り込みの明細票を持ってきてください」と言われたというのです。つまり、「証拠を見せてくれ」と要求されたわけです。経営者自身も困り果てました。

苦肉の策として、こういうときはどうするか？

1つの手段として、**値引き戻しを使う**手があると思います。まず取引先に仕入れの発注をかけ、仕入れ代金を振り込みます。代金を振り込んだ明細票を銀行に提出した後に、今度は発注をキャンセルし、振り込んだお金を仕入れ先から戻してもらうのです。簡単なようですが、正しい手順で行なわないと、地雷を踏んでしまいます。

長年の信頼関係ができている取引先となら、こういう必殺技を繰り出すことも難しくありません。そして、戻してもらったお金を、運転資金に回すわけです。

お金を借りる側として果たすべき責任

私が思うに、**銀行の担当者がこうした要求をする理由**は、実はこちらの事情が銀行員にもわかっているからではないかと感じます。銀行員から「うまくやって切り抜けてくださいね」と口添えをしてくれていたからです。銀行員としての最大の支援策だったのでしょう。

というのは、銀行員は知っていることをあくまで上に報告しなくてはなりません。報告し、ちゃんと証拠が揃っていることが、銀行にとっての真実になるからです。ですから、明細表を見せてくれという銀行員は、おそらくこう考えていたのではないでしょうか。

「融資はちゃんと審査し稟議をもらって行ないました。資金使途の証拠も提出させました。しかし、その先のことは知りえないことなので、この会社が発注をキャンセルし、資金を別の目的で使っていたとしても、私（銀行員）に責任はありません」

もちろん、絶対にそうだと考えるだけの根拠はありません。

ただ、私はこうも思います。

こちらが銀行員の責任にならないようなやり方をしてあげることも重要だ。それは、お金を借りる側の義務であり、責任に違いない、と。

思うに、**銀行と銀行員は同じではありません。**

銀行員は、できるなら融資をして成績を上げたい。ただ、いざというときに責任を問われるようなことは、どうにもやりきれない。一方、銀行（経営者）は自らの利益と立場を守ることが最優先で、瑕疵《かし》が生じたときは現場に責任を押しつけたい。

ここにも、せめぎ合いがあるのです。

お金を借りるなら、銀行員にとって仕事がやりやすい状況は何かを積極的に考えてあげることも、欠かしてはいけません。

ココがポイント

・「運転資金」ではなく、「仕入れ資金」「設備投資の資金」といった銀行が納得できるキーワードを使う。
・担当の銀行員が仕事をやりやすい状況を考えてあげるのは、お金を借りる側の責務。
・銀行員は、貸し付けた融資が焦げ付いても、本人が異動した後なら自己責任にはならない。

起業を目指す人が必ず知っておきたい決算の方法

創業3、4年目の融資の壁をどう乗り越えるか？

一般に銀行は、過去3年分の「B／S（賃借対照表）」と「P／L（損益計算書）」が揃っていなければ、お金を貸しません。

融資の審査は、2年分の決算書でよしとする場合もあるようですが、ほとんどは直近3年分を提出するよう求められます。

これが何を意味するかといえば、**過去3年間の決算書の内容が悪いとお金を借りられない**ということです。

起業をするなら、このことは頭に叩き込んでおかなければなりません。

創業3年目、4年目といえば、資金的に一番しんどい時期に当たります。先行投資がかさんで決算書の内容もボロボロになっている会社も多く見かけます。

そういう状態のときに、銀行はお金を貸してくれないのです。

彼らは、軌道に乗った企業にだけ融資をします。

ですから、**起業した会社の社長は、銀行に融資してもらえるような決算のやり方をあらかじめ考えておかなければなりません。**

「何でもかんでも経費で落とす」の大きな落とし穴

あるとき、ベンチャー企業の社長が相談に訪れました。

「これから会社が良くなるところなのに、銀行がお金を貸してくれないので困っています」

決算書を見せてもらうと、赤字が積み重なって債務超過になっていました。先行投資をバンバン行ない、すべて損金として落としていたのです。

「どうしてこんなにひどい決算をしたんですか」と尋ねると、**「税理士に任せていて、それがいいということになりました。まずかったでしょうか」**と言います。

この会社の場合、研究開発のための投資分や機材の購入費、広告宣伝費などのほとんどが経費に計上されていました。

赤字決算なら税金を払わないで済むし、赤字は9年にわたって償却できるため、仮に来年黒字になっても税金はかからない。

税理士がそういうロジックで会社の数字を見ていることはひと目でわかります。

何でもかんでも経費で落とすやり方は、社長自身が技術者や職人の会社ではありがちなことです。

しかし、これが命取りになります。

銀行側の見方がわかっていない税理士の多くは、税金の節約をすると、経営者に喜ばれると勘違いしています。


事業を大きくするためには何が必要か？

会社に将来何が必要になるか？

という点については、何もわかっていないのです。

「この決算書ではダメですよ。税金を払わないことが、あなたの目的ではないでしょう？　お金を借りて事業を大きくしたいんじゃないんですか？」

ベンチャー企業の社長はうなずきました。

決算が悪い会社に、お金は貸さない　だから、戦略的な決算をする

私は、決算上のアイデアを伝えました。粉飾とまでは言わないけれど、決算には厚化粧をしなければいけません。

「経費を社長が個人的に支払ったことにして、経費を圧縮することも必要では？」

「先行投資を開発費として資産計上しては？」

そうすれば、先行投資に使った金はその年の損益に関係なくなり、黒字転換できます。早く債務超過から脱しないといけません。

このような技を使わなければ、決算書はいつまで経ってもボロボロのままです。

決算が悪ければ、銀行がお金を貸してくれないのは当然です。

そのようにアドバイスしたものの、決算書はすでに公になっており、後の祭りです。

起業したての経営者に銀行の見るポイントがわかっているはずはありませんが、知っていると知らないとでは、大きく違います。せっかくの有望な事業も行き詰ってしまいます。

何でもかんでも使ったお金を経費で処理し、赤字が膨らんでもお構いなしにしているようでは、銀行は去っていきます。

決算にも戦略が必要です。

ココがポイント

・起業3年、4年目は資金繰りがキツい。それを見据えた戦略的な決算を行なう。
・税理士任せの「何でも経費で落とす」節税対策が、命取りとなる。
・銀行がお金を貸したくなるような決算を心掛ける。

コラム

三條メソッドで、「会社のお金」問題を解決した経営者

借入のコツがわかった経営者

——雑貨販売会社・首都圏

首都圏を中心にした積極出店で拡大期を迎えている雑貨販売業の経営者が、資金繰りのことで相談に見えました。

聞けば、雑貨の仕入れや出店費用など、常にお金に忙しい様子です。会社は拡大期を迎え、若者に人気の高いデパートなどへの出店攻勢も続けています。

ご本人は「業界ナンバーワンになる」と自信満々ですが、一方で資金繰りは綱渡りのような危なっかしさです。

有名なコンサルタントの指導を受けていると言いますが、中小企業の経営者が知っておくべき基本を何も身につけていないことは、話をすればするほど明々白々でした。

資金繰り表と利益計画書を自分で一度も作成したことがないというのですから、私に言わせれば、何をかいわんやです。

自社の返済能力がどれくらいあるかについても、もちろんわかっていませんでした。

私は、有名コンサルタントがどうしてこのような基本を教えないのかと、とても不思議なものを感じました。

本の中でもご紹介した経営者ですが、「私の会社はまだまだ大丈夫です」と言って相談に見えました。

「何が大丈夫なのか？」と聞くと、「今の借入と預金が同等なので、実質借金ゼロだ」という理由でした。

しかしながら、よくよく検証すると、赤字経営を続けていました。その上、多大な役員報酬をとって大きな赤字になっていたのです。

会社から多大な役員報酬を取って赤字になっていると、銀行が会社を食い物にしていると見ることを理解していませんでした。

つまり、借入したお金があるから、資金繰りが回っている。そのうちに借入ができなくなり、会社が倒産に追い込まれるというパターンになっていたのです。

そのことを話して、聡明な経営者は実に健気に言ったことを着実に実行し、今では借入も十二分にできる会社に変貌して、将来へ大きく発展できるように体質改善して成長を続けています。

多くの経営者が資金繰りで間違えるのは、借入したお金で資金が回っているということは、実質資金ショートしている会社だということを認識せずに、お金が回っていることで安心して、変に余裕を持った経営をしていることです。

これは、大きな勘違いです。

実は、中小企業の大半は、返済原資よりも借入金の返済額のほうが圧倒的に多い状態にあります。返済能力を超えた借入をしているわけです。

それでも会社が倒産しないのは、売上が伸びているからです。売上伸長の勢いが続いているうちは、銀行から何とかお金を引き出せるからです。

この会社の経営者も、そうやって何度もピンチをしのいできました。出店に失敗して大きな赤字を抱え、赤字決算に転落したこともありました。それでも、とにかく銀行の目をごまかして、お金を引っ張ってきました。

内心はハラハラ、ドキドキの連続で、その都度その都度、銀行に頭を下げてギリギリの段階で資金を調達し、首の皮一枚を残して綱渡りしてきたというのが実感だったようです。

何とかこの資金繰り地獄から抜け出したい。

この経営者の望みは、このひと言でした。

ご存じのように、中小企業は資金繰りが最も重要です。大赤字でも資金が回っていれば会社は潰れませんが、黒字でも資金がショートすれば、すぐに倒産してしまいます。

そこで私は、資金繰り表と利益計画書の作成から指導を行なうことにしました。

この会社は、多店舗展開の先行投資型経営ですから、資金繰り表と利益計画書の数字の信頼性は、会社経営の死命を制すると言えます。予想が間違っていれば、とたんに資金繰りに窮し、土俵際に追い詰められてしまいます。

そのため、1年先までの毎月の利益を予想し、予想と毎月の実績を突き合わせて、数字が予想と大きくずれた原因を突き詰めて考えるようにしてもらいました。

また、私がもう1つ重要だと考えたのは、各店ごとの本当の収益の姿を把握することでした。

たとえば、税理士がつくった損益計算書には、売上と利益が書き込まれています。しかし、その売上と利益は、いくつもの店舗の売上と利益をまとめたものにすぎません。

私は尋ねました。

「在庫は、どこにあるんですか？」

「店にもあるし、本社にもあります」

「借入金の金利負担は？」

「それは、ここに入れていないですね」

「うーん、在庫があるんだったら、在庫に対する金利負担があるわけでしょう。それをどう捉えているんですか？」

「いやあ、考えたことがなかったです」

「その他にも、あなたの給料やら何やら本社にもいろいろ費用がかかっているわけですから、損益計算書では利益でも、それを負担すれば赤字になるのではないですか。各店にそういった諸々の負担を課す必要があるわけでしょう？」

「ああ、なるほど」

経営の数字は、どの店にいくら投資して、いくら儲かり、どの程度の在庫ロスが出ているかなど、大局的な視点で眺められるようにしておかなければ意味がありません。

オペレーション上の細かい問題は部下に任せて、経営者は会社全体がどう動いているかという点の把握に努めるべきですが、それがまったくできていないのです。


決算の仕方にしても、この会社は先行投資型ですから、ただ会計処理するのではなく、できるだけ資産に計上するようにしてやる必要があります。

そうしなければ、先行投資分の費用が常に決算の足を引っ張ってしまい、業績が良く、将来性のある会社の決算書には決してなってくれないからです。

会社経営では、税理士とはまったく異なる経営者の視点というのがたいへん重要です。

それは、税理士が作る書類には、決して表れることのない数字の意味を問うこと。そして、それが会社の将来にどう影響するかをしっかりと見定めること。

その上で、改善すべき点は改善していかなければなりません。

決算書は、税務署のために作成するのではなく、銀行に提出して借入しやすくするために作成するものだという意識が、経営者には必要です。

もちろん、銀行にうまくプレゼンできる内容に持っていくという意識も大切です。

私は、これらのことを早々に実行してもらいました。

資金繰り表と利益計画書は、ものの1年ほどで予想と実績がほぼ一致し、外れても大きく外れない状態になりました。また、各店の先行投資型に見合った会計処理方法に変えてからというもの、決算書もいい内容のものがつくれるようになりました。

今ではこの会社に、銀行からの融資申し込みが次々に舞い込むようになっています。銀行は横並びですから、「融資できるいい会社がある」という評判が広まったのでしょう。

現在は、手元資金も豊富です。銀行から3億円ほど借り、何かのときの備えとして積んであります。資金繰りに汲々としたかつての経営がまるで嘘だったかのように、経営者は見違えるほど自信に満ちています。

経営者は、資金が苦しいと、いい案も出ませんが、資金的に余裕が出ると、前向きなことが考えられるようになる。とてもいい案が浮かび、実行できるようになります。

お金の余裕が心の余裕となり、事業を冷静に見れるようになるのです。

第3章

経営者が資金繰りでやってはいけないこと

税理士・会計士を全面的に信用してはいけない

融資判断の拠り所

融資は銀行の利益の源泉であり、それは銀行員の評価の基準でもあります。ですから、銀行員は、いつもお金を貸すチャンスを探しています。担当の銀行員がお金を貸そうとしないのは、こちらの取り組みに間違ったところがあるということです。

銀行にとって**融資判断の拠り所は、決算書**です。それしかないと言ってもいいでしょう。

こちらがいくら資産を抱えていても、それはお金をきちんと返してくれる保証にはなりません。

決算書を見て、**「利益が出ている」「将来も見込みがある」**と判断できるからこそ、彼らはお金を貸そうと考えるのです。

その決算書が赤字の垂れ流しで債務超過になっていれば、彼らに貸せる道理はありません。少し考えれば、これは誰にでもわかることだと思います。

にもかかわらず、赤字決算で債務超過の決算書を平気でつくる中小企業は後を絶ちません。

「会社からお金を返してもらう」より「銀行がお金を貸してくれる会社」にする

ある会社の社長が、「銀行がお金を貸してくれない」と相談に見えました。

その会社では、社長が自己資金を会社に貸し付けていて、決算書ではちょうどそれに見合う程度の額が債務超過になっていました。

「決算では、社長ご自身の貸付金を放棄すべきだったのではありませんか？」

と私が問うと、社長は怪訝な顔をしました。

「なぜ放棄するんですか？」

「**貸付金を放棄すれば、その分が会社の利益になり、債務超過が消える**じゃないですか。そうすれば、**銀行が融資を考えてくれる**かもしれませんよ」

「しかしねえ」

納得がいかない様子です。

「社長にとって、会社からお金を返してもらうことと、銀行がお金を貸してくれる会社にすることと、どっちが重要なんですか？　お金を借りて会社を大きくしたいというなら、そういうことを考えなければいけないんですよ」

「そんなことは、税理士にも言われたことがないですよ」

「ほとんどの税理士は言いません。会計処理だけしか見ていない税理士は、会社を守り、発展させるためにはどうすればいいかなんて考えていません。それを判断し、決断、実行するのが、経営者の仕事です」

「そうは言ってもねえ」

私より税理士のことをより信頼しているのでしょう。私の話は理解してもらえませんでした。

税理士には、会計処理だけの安い顧問料で依頼していました。大事なことを教わらず、目の前の損得ばかりに気を取られていたようです。結局、その会社は倒産しました。

税理士・会計士を全面的に信用すると、命取りになる

私はよく「税理士や会計士を全面的に信用するな」と言っています。すばらしい税理士や会計士もいますが、そうではない税理士や会計士に一任し、何も考えずに決算書を作成してしまうと、後になってそれが命取りになることがあるからです。

すでに述べたように、彼らの多くは納める税金を少なくすることしか考えていません。

社長も、税理士や会計士の言うことを受け入れ、税金を納めなくて済むなら、それ

に越したことはないと思い込んでいます。

「赤字分は9年間繰り延べすることができますから、将来儲かっても、税金を納めないで済みますよ」と言われて、「なるほど。いいことを言ってくれた」と思い込んでいます。

ところが、銀行からすると、これはふざけた真似以外の何物でもありません。

彼らは内心で、こう思っています。

「お宅は借りたい、うちも貸したい。それなのに、いったいどういうつもりで貸せなくなるような決算書を持ってくるんだ」

私のところにやってくる銀行の営業に、こういう話をしたことがあります。

「たとえば、A社とB社があり、A社は会計処理を変えて厚化粧しているものの、貸せるような決算書をつくっている。B社はマニュアルどおりの決算をして、債務超過で赤字になっている。あなたの立場だったら、どっちを喜ぶ?」

「そういうことは大っぴらには言えませんねえ。でも、うまく会計処理してくれるなら、A社ですね」

理由は簡単で、**「決算書がこうだから貸した」と言い訳が立つ**わけです。

審査が通って本部の判をもらえば、仮に融資が焦げ付いたとしても、銀行の営業だけが悪者にされることもありません。

「節税対策」という悪魔の甘言にご用心

日本の中小企業の約90％以上が、粉飾決算に近いことをやっていると言われています。あの東芝でさえ、大掛かりな粉飾を堂々としていたわけですから、**中小企業の厚化粧はむしろかわいいもの**です。完全な粉飾はいけませんが、許容範囲の会計処理の変更なら許されます。

そんなことをして税務署に咎《とが》められないかと思う社長もいますが、税務署は税金のことしか考えていません。

だから、節税して税金を圧縮しようとすると、厳しい対応を受けますが、東芝のように**粉飾して利益を出す分にはお咎めなし。**まったくOKなのです。

多くの税理士が口にする「節税対策」は、悪魔の甘言です。

彼らは、会社のためを思って上手に決算書をつくっているつもりでしょう。

しかし、そのせいで、会社は銀行融資を受けられなくなり、経営はしんどくなります。仮に倒産に追い込まれるようなことになったら、社長が一生懸命に走っているのに、後ろから税理士にブスリと刺されるようなものです。

ですから私は、「そういう税理士はクビにしたほうがいいですよ」とアドバイスしています。冗談ではなく、本気です。

経営をわかっていない税理士を後生大事に抱えていると、必ず会社は窮地に立たされます。**税理士は、一緒に戦っていかなければならない同士**と位置づける必要があります。

社長の常識は、会社の銀行対策より節税のことばかり考えている多くの税理士の常識とは違います。

そんな税理士の常識を鵜呑みにしていれば、会社がうまく回って発展することはありえません。

社長は、税理士に使われてはいけません。自ら勉強して、税理士にうまく協力してもらえるように持っていくスキルを身につけたいものです。税理士は戦う同志でなければいけません。

ココがポイント

・銀行員の融資判断の拠り所は、利益が出ている決算書。
・むやみな「節税対策」は、命取りになる。
・借入のイロハがわかっていない税理士の常識と社長の常識はまったく違うので、税理士の言うことを全面的に鵜呑みにしてはいけない。

「保証協会付融資」に頼ってはいけない

頼りきると、こんなひどい目に遭う

信用保証協会が行なう保証は、銀行のための保証である。

私は先に、そう述べました。

保証協会付融資が持つこうした矛盾は、より多くの問題を生んでいます。

たとえば、銀行は、保証協会付融資で、経営がしんどい中小企業にどんどん貸し付けをします。

それはそうでしょう。貸付金が返ってこないリスクはゼロですから、いくらでも貸すことができるからです。

ひどい話では、プロパー融資を返済させるために保証協会付融資を実行した銀行まであります。

ですから、銀行が保証協会付融資を勧めてきても、簡単にそれに乗ってはいけません。

保証協会付融資に頼り切ると、後でひどい目に遭います。

すでに触れましたが、それは復活の道がふさがれることです。**もしものときに、債権を圧縮処理してくれない**からです。

信用保証協会は、民間サービサーに債権を売却しない

保証協会付融資の金利の支払いができずに期限の利益を喪失すると、代位弁済が行なわれ、債権者が銀行から信用保証協会サービサーに移ります。

すると、融資を受けていた中小企業は、残りの債務をどうするかについて、信用保証協会サービサーと話し合わなければなりません。

プロパー融資なら、銀行は融資した相手が返済できなくなると、債権を民間のサービサーに売却し、サービサー処理ができます。

サービサーは債権の回収を行ないますが、そのとき回収する金額は相当に圧縮されています。

つまり、**返済できなくなった中小企業は、債権額の数パーセントの金額で債務を処理することができる**のです。

どのような場合でも、こうした民間サービサー処理が当たり前に行なわれるなら、経営者も身ぐるみ剥がされず、次に向かっていかようにも復活の道を歩めます。

ところが、**信用保証協会は民間サービサーに債権を売却しません。**

彼らは**信用保証協会サービサーに債権を移すだけで、法的処理をしない限り債権の圧縮をしません。**債権をいつまでも持ち、債務者には少額返済を延々と続けさせます。

これは、悲惨なことです。

そのため、倒産した中小企業の社長がどうしているかといえば、**表舞台から消えなければならないような状況**です。

残債を完済するために毎月数千円や数万円の返済を求められますが、それでは**一生**

を費やしても返済できないことは明白です。

自己破産すれば債務から逃れることはできますが、準備もなくそれをやれば、生きた屍になるしかありません。

信用保証協会サービサーにこの手の返済をしている元社長は、100人や200人ではなく、おそらく万単位で存在しています。

仮に1億円借りて月々5000円や1万円返すだけでいいのなら、それを逆手にとってうまいことできるんじゃないかと勘ぐる人がいます。

しかし、最初からそういう企みを持つ社長がいたとしても、ごく稀なケースのはずです。万単位で存在するほとんどの元社長は、**いたずらに十字架を背負わされているだけ**と見ることもできます。

信用保証協会が中小企業の社長を社会の片隅に追いやり、再チャレンジの機会を奪っているとすれば、これほどおかしな中小企業支援はありません。

少なくとも、保証協会付融資がそういう性格のものだということは知っておくべきです。

わずかな金額でもプロパー融資の銀行を開拓

一方、プロパー融資では民間サービサーによる債権処理が行なわれるため、社長が再チャレンジの機会を失うことはありません。

だから、**プロパー融資は、復活の道を与えてくれる融資**なのです。

信用保証協会は、実は銀行にとっても、必ずしもいい存在だとは言えません。保証協会付融資は銀行の利益を守りますが、銀行に審査能力をつけさせないという弊害もあります。

ゼロリスクで中小企業に貸し出しできるため、いつまで経っても銀行に貸出先の企業力を審査する能力が生まれません。

信用保証協会は、銀行にも中小企業にも悪い影響を与えています。

ですから、保証協会付融資に頼りきってはいけません。

たとえわずかな金額でもプロパー融資をしてくれる銀行を開拓し、銀行に誠意を見

せ、**長続きする信頼関係を構築する**必要があります。

それが会社を守り、会社を大きくするための、社長の心得です。

ココがポイント

・保証協会付融資では、もしものときに、債権を圧縮処理してくれないので、中小企業の社長の再復活を難しくする危険性がある。

・わずかな金額でもいいので、プロパー融資してくれる銀行を開拓し、信頼関係を築く。

なぜ日本政策金融公庫や政府系で借りてはいけないのか？

「借りやすい」「金利が低い」のメリットの裏に潜む大きなデメリット

融資の審査が緩やかで借りやすいため、日本政策金融公庫からお金を借りる中小企業もたくさんあります。

銀行に比べて金利も低いから、「ありがたいことだ」くらいに受け止められています。

個人事業主が数十万円の小口資金を借りるというなら、たしかにありがたいことだし、先々大きな問題が生じることもなさそうだと言えます。仮に仕事が行き詰まっても、借金が理由で首が回らなくなるような金額ではないからです。

しかし、数千万円や億という資金を必要とする中小企業は、そうはいきません。日本政策金融公庫融資には、借りやすい、金利が低いというメリットとは引き換えにできない、**大きなデメリット**があります。

それは、**返済ができなくなったときに、保証協会付融資と同じように民間サービサー処理をしない点**です。

私は、民間サービサー処理をしたほうが、よほどコストがかからないと思います。保証協会も一緒ですが、たとえば1万円回収するのに10万円使ってもいいという話で、コスト意識がありません。

私の顧問先には、経営が行き詰まり、債務整理を行なって事業再生に取り組んでいる会社は少なくありません。

そのとき必ず問題になるのが、先に述べた保証協会付融資と日本政策金融公庫融資です。政策金融公庫も民間サービサーに債権を売却しないため、**いつまで経っても債務処理ができない**のです。

事業再生に取り組む会社にいつまでも元の債務が残っているわけですから、これはたいへん重い足かせです。

「行きはよいよい、帰りは怖い」融資制度だと、私は言っています。

経営の常識とかけ離れた「お上のご都合主義」に巻き込まれてはいけない

政策金融公庫と話し合いをすると、彼らは決まってこう言います。

「基本的に税金が融資の原資になっていますから、あくまで返済をしていただくのが原則なんですよ」

実におかしな理屈です。

融資は、うまくいくときもいかないときもあります。

税金が原資なのだから、うまくいかなくても全額を返金しろと言うならば、それはもはや融資とは言えません。

しかも、**破産などの法的処理をしない限り、債権・債務はゼロにできません。延滞金もどしどし加算**する。そう言っているのです。

核燃料再処理施設で1兆円をドブに捨てても誰も責任を問われないのに、中小企業経営者は1円でも責任を追及される。理解に苦しみます。

インターネットで閲覧できる日本政策金融公庫の「サービスのご案内」には、たとえば「女性、若者／シニア起業家支援資金」や「再挑戦支援資金」、あるいは「中小企業経営力強化資金」などのメニューが豊富に並んでいます。

その融資限度額は、いずれも7億2000万円までとなっています。

もちろん限度額いっぱいに借入ができる条件は低くありませんが、それにしてもひと目で蛇口が緩そうだとわかります。

しかし、**いくら蛇口が緩かろうと、万が一のときの脱出口がない**のです。

たとえば、若者が起業家支援資金を借りて起業をし、失敗したときはどうなるのでしょうか？

起業する若者は、起業に失敗はつきものだと知っていますから、最初は少額資金で始めるでしょう。しかし、2年、3年経つうちに、借入が大きくなることは目に見えています。技術やアイデアはすばらしいのに、結局、経営がしんどくなって火だるまになる若者もたくさんいます。

そのときに、債務を処理する道が法的処理しかないとすれば、その時点で若者の起業家人生はほぼ潰《つい》えてしまいます。

融資を受けたのだから、あくまで金を返せ。失敗したときは、人生をあきらめろ。いくら高給をとり、いくら立派な建物で品よく仕事をしているからといって、彼らにそう命令する権利があるとも思えません。

借りやすい、金利が低いという事実の裏には、経営の常識とはかけ離れた「お上のご都合主義」があります。

まともに金融検査が入ったら、回収不能の債権が山と積まれているはずですが、それは決して明らかになることはありません。財務省や経産省が予算と権限を握り、国民のためではなく彼らのために、組織と制度を保持しているからです。

それがいかに中小企業経営者の首を絞めていることか。

自身と会社を守り抜くには、日本政策金融公庫や政府系の融資を受けない経営が望ましいのです。

政府も選挙対策として融資制度の拡充を図りますが、借入返済がしんどいのでまたさらに融資して、企業の借金を増やしています。これは、シャブ中毒者にシャブを打ち続けさせているようなものです。

債務過多を適正な借入にしたら、いくらでも復活できる会社があります。国も税金の無駄遣いをせず、中小企業の本質を見抜いてほしいものです。

ココがポイント

・「借りやすい」「金利が低い」の裏に潜むのは、民間サービサー処理をしないという大きなリスク。
・経営者自身と会社を守り抜くためにも、日本政策金融公庫や政府系から借りてはいけない。

法人取引銀行の借入口座をメインの個人口座にしてはいけない

社長のお金の出入りが丸見え

社長の個人口座を会社の取引銀行につくっている経営者はたくさんいます。しかも、ほとんどの場合は、メインの個人口座をつくっています。

「**自分の個人口座のお金の出入りがすべて取引銀行に把握されている。**これはちょっとまずいんじゃないか？」

不思議なことに、そう感じる経営者はほとんどいません。

まさか品行方正な銀行が、この個人情報にうるさい時代に、入出金記録をチェックするようなえげつないことはしないだろう。そう信じ込んでいるのです。テロ資金や犯罪に関与している資金はないかなど、銀行は常にお金の出入りをチェックしています。ですから、昔より厳しくチェックされていると思ったほうがいいでしょう。

私に言わせれば、こと行内の業務に関する限り、銀行に個人情報保護の考えがあるわけがありません。調べ上げられ、全部つかまれていると思っておくべきです。

実際、彼らは**社長の個人口座の入りと出をすべて把握しています。**現金の引き出し、さまざまな支払い、キャッシュカードの引き落とし、他行への振り込み。すべて追跡できます。

こうした情報は、社長の活動履歴です。

それを握っていれば、足取りはもちろん、場合によっては何を考えているかもわかります。

入出金記録は、携帯電話の通話記録や位置情報よりも、はるかに強力な情報特定ツールです。要するに、生命保険料の引き落とし額から、死亡したときの保険金受け取り額さえわかります。

取引銀行にメインの個人口座をつくっていれば、それこそ莫大な個人情報を、延々と継続して、銀行に提供し続けていることになります。

個人情報をあまりにも提供しすぎると、万が一のときに必ず不都合なことが起こります。

奥さんの個人口座も目をつけられる

借入している銀行に奥さんの個人口座がある場合も要注意です。

知り合いに、それで痛い目に遭った社長がいます。

その社長は、奥さんが取引銀行につくった個人口座に1000万円の定期を置いていました。

すると、銀行はさっそく目をつけ、

「今、債務超過になっていますけど、この1000万円を入れていただいたら解消できます。もしそうしていただけるなら、うちも融資を検討しますよ」

と言ってきました。

社長は融資してもらえると思って言うとおりにし、銀行はこれまでの融資分を全部回収しました。

後日、融資を申し込むと、銀行は断ってきました。

「あっ、すみません。一生懸命がんばったんですが、本部がどうしてもＯＫを出してくれないのです」

これで終わりです。

最初から融資をする気はなかったのです。貸し剥がしをするために、個人情報を利用しただけの話です。

ココがポイント

- 入出金記録は、強力な個人情報特定ツール。個人口座は取引銀行とは別にする。
- 奥さんの個人口座も、取引銀行とは別にする。
- むやみやたらと、個人情報を提供してはいけない。

会社の借入銀行口座を入金口座にしてはいけない

売掛金の差し押さえリストを差し出したのと同じ

会社の入金口座を借入銀行に設定しないことも大切です。

先に社長個人のメイン口座を借入銀行にしてはならないという話をしました。銀行に個人情報保護法などありませんから、借入銀行の口座をメインの個人口座にしてしまうと、いざというときに個人資産が守れなくなります。

実は、会社についても同じことが言えます。

たとえば、**借入銀行に会社の入金口座があると、銀行はどこから入金があるかを全部調べてリストをつくることができます。**

当たり前のことですが、リストに挙げられた会社には売掛金があります。銀行は、いざとなったら、この売掛金を差し押さえます。

早い話が、**借入銀行に会社の入金口座をつくった瞬間に、売掛金の差し押さえリストを差し出したというに等しい**のです。

借入銀行にとって、自行に会社の入金口座をつくらせる理由は、こういうところにあります。

入金口座記録も筒抜け

売掛金だけでなく、**家賃についても同じ**ことが言えます。

たとえば、大家さんが銀行から10億円を借りてビルを建て、家賃収入を上げるとします。

そのときに、「家賃もこちらが貸し出したお金のうちなんですから、店子さんには家賃をうちの口座に振り込んでもらってください」と、ほとんどの銀行が要求します。

これは、「いざというときは差し押さえますよ」と言っているのと同じです。

家賃の入金口座は、さらに雄弁です。

実際にそのビルを見に行って何号室かを確認すれば、部屋のリストを含めてすべて丸わかりです。もし借入銀行に家賃収入についての資料を提出していた場合は、それと見比べて提出書類の内容に間違いがないかということまで確認できます。

この他に、**入金口座の記録は、毎月何日に入金が多いのかもよく示します。**これは、銀行に「差し押さえするなら何日がベストです」と教えているようなものです。

会社の個人情報を甘く考えてはいけません。入金口座は、将来も借入の可能性がない都銀などを中心にして、**できる限り分散させておく**ことが重要です。

ココがポイント

・借入銀行での入金口座は、銀行にすべて丸見え。
・入金口座は、できるだけ分散させる。

手形は、借入口座で振り出してはいけない

入金されたタイミングで、銀行が抜いてしまう

建築業などはその典型ですが、手形で取引している会社があります。しかも、その手形を借入銀行で発行している会社が相当に目立ちます。

手形商売は、貸し倒れなどもあり、そもそもリスキーなものです。

しかし、その点をよく心得る経営者でも、**借入銀行で手形を発行することが別の大きなリスクを生み出している**点については、まったく自覚がありません。安易にこれをやっていると、銀行と対峙しているときには救いようがなくなってしまいます。

簡単に説明してみましょう。

たとえば、A社は、借入をしているB銀行で500万円の手形を発行し、半年先に引き落としになるとします。その後、A社は業績が悪化して、銀行に金利の支払いと返済を行なわなくなりました。その状態が3カ月続き、期限の利益を喪失することになりました。この場合、手形（500万円）の期日がやってきて、B銀行に500万円入れたとしても手形は落ちません。

なぜかというと、**銀行は500万円入金されたと知るや、「これは返済資金としていただきます」と即座に抜いてしまう**からです。入れたお金が口座から消えるわけですから、手形が落ちないのも当然です。

手形の使い方を間違えると、再生不能に

そもそも事業再生は、期限の利益の喪失を自らのタイミングでするからこそできるのです。このような偏った方法を選択してしまうと、銀行がいつまでも優位な立場となり、法的処理をするしかなくなります。

私がいつも「期限の利益の喪失を逆手にとる」というのは、銀行に追い込まれて期

限の利益を喪失するのではなく、自らの都合で、金利が払える状態であるのに、作為的に期限の利益を喪失させるという意味です。

しかし、**借入銀行で手形を発行していた場合には、今度は期限の利益の喪失が裏目に出て、手形を落とすことができない**のです。手形が不渡りになれば、倒産にまっしぐらです。**本来生き延びることができる企業も、借入銀行と手形が一体になっていれば、潰れるしかなくなります。**

こうなると、どんなに周到に準備を重ねていても、不利な交渉しかできません。

ですから、もし手形を発行するのであれば、まったく借入をしていない銀行で発行するようにしておかなくてはなりません。

ココがポイント

・借入銀行で手形を発行すると、入金されたタイミングで銀行に抜かれてしまう。
・借入銀行と手形の一体化は、絶対に避けるべき。

銀行紹介の認定業者を使ってはいけない

「経営改善計画」という大義名分

会社がうまく回転しなくなり、経営がしんどくなると、銀行は認定機関を紹介してきます。

返済のリスケや支援を行なうためには、彼らの指導のもとに経営改善計画などを作成する必要があるというのです。

経営改善といえば、かつては銀行員が取引先の社長と意見を交わし、議論を重ねながら、その方法を生み出していました。力を合わせ、共に経営の立て直しを目指したわけです。

ところが昨今は、銀行員には取引先のことを考える余裕がすっかりなくなりました。銀行も効率優先の経営を進めており、取引先が抱える経営上の問題にかまっていられる時間はありません。

そこで生まれたのが、**「経営革新等支援機関」**と呼ばれる認定機関です。

一般に、銀行が取引先企業のリスケや支援の是非を判断するには、経営改善計画書を必要とします。かつては銀行員が社長と知恵を出し合って作成していましたが、今度は、それを認定機関の支援を受けて作りなさいということになっているのです。

費用も大きな負担に

経営革新等支援機関というもっともらしい呼称がついていますから、「専門家がサポートしてくれるのか。それなら心強い」と思うかもしれません。

しかし、その専門家とは、企業経営の実務経験がない税理士、公認会計士、中小企業診断士などです。

また、**認定機関の費用もバカになりません。**

経営改善計画書の策定費用とフォローアップ費用の3分の2を公的負担してもらえますが、その上限は200万円です。費用総額が300万円かかれば100万円が、400万円かかれば200万円が自己負担になります。

もちろん、本当に会社の将来が明るくなる経営改善計画書を生み出せるなら、この費用も高くないと言えるかもしれません。

しかし、短い期間で会社の中身を把握することなどできませんし、経営者との信頼関係も築かれていない状況で、**血の通った経営改善計画が策定できるはずがありません。**単なる数字合わせになっているだけです。

銀行の隠密⁉

実態は、さらにむごいことになっています。

銀行がわざわざ認定機関を紹介してきた場合は、その認定機関は銀行の意を受けて遣わされています。彼らは、時間的余裕のない銀行員に代わって銀行が欲しい情報を手に入れようとする、隠密のような存在です。

そもそもこの制度は、昔に比べて銀行の支店銀行員が減り、銀行員の負担が増えたことを補うためにできました。

しかしながら、うまく機能していません。銀行があまりにも外部の認定業者に頼りすぎ、銀行員の審査能力はますます低下しています。

本来は銀行員が取引先のことを深く理解し、日頃からサポートしておくべきことなのです。本末転倒の状態になっています。

経営改善計画をつくらなければならない場合でも、銀行が紹介してくる認定機関だけは使ってはいけません。できる限り、**自分の会社に対する理解がある方を選任すべきです。**

ココがポイント

・銀行紹介の専門家、認定機関は、銀行の隠密的存在なので、使ってはいけない。
・経営改善計画をつくらなければならないときは、自分の会社に理解のある人を選任する。

経営改善計画を信用してはいけない

単なる「借入金返済計画」

経営革新等支援機関の支援を受けて経営改善計画書をつくる。それはいいとしても、経営改善計画という言葉に騙《だま》されてはいけません。

実は、それは名ばかりのものです。

経営改善計画と謳われているものの、よく見ると、内容はただの借入金返済計画です。

そのとおりのことを実行したからといって、経営の改善には一つも結びつきません。

経営改善計画書というのは、返済を滞りなく行ない、銀行にリスケを認めてもらうための数字合わせだからです。

このことがわかっていない経営者は少なくありません。

だから、最初のうちはいいとしても、しばらくするとまた経営がしんどくなってしまいます。

認定機関の専門家が、知らないこと

認定機関は、事業のことを熟知しているわけではありません。

彼らは、**理論上は「会社経営とは何ぞや」ということをわかっていても、実業経験がない士業の人々**です。

彼らは、借金を背負ったこともないし、返済に苦しんだこともありません。

「しっかりした計画をつくって、ちゃんと実行していけば、ほら、なんとか返せる見通しが立つじゃないですか」

こういう感覚です。

ある経営者は、リスケするためにメイン銀行の申し出で、銀行指定の認定業者に経営改善計画をつくるよう指示されました。その専門家はメイン銀行のOBで、経営者は、形式上のリスケができる計画書を立てるように迫られました。経営者が拒否すると、自分で計画をつくり、全行を説得しろと横暴なことを言われました。

だから、借金の返済に苦労する中小企業の経営者のことを、「能力がないんだろう」くらいに考えています。

口で言っても、現場でやるのは大変だということが、往々にして理解してもらえません。世の中計画どおりにいくとは限りませんが、**「そのためにどうするか?」という点は眼中にありません。**

彼らは、数字上だけで経営改善計画を捉えています。

彼らが言う改善は、借入金を返すこと以外の何かではないのです。

どうすれば根本的な経営改善になるのか?

どうすれば売上・利益が向上するのか?

そんなことを考えてはくれません。ですから、小手先のことしか提示されません。

いわば、破たんするのを先延ばししているようにしか見えません。

一方、中小企業の経営者にとって、経営改善計画は返済計画ではありません。

借入金の返済は重要ですが、そのために経営の余裕や事業の柱を失うことになれば、それは「改善」ではなく「改悪」です。

借入金は銀行の思惑どおりに返済できるかもしれませんが、会社の将来を犠牲にして返済を行なうというのでは本末転倒です。

数合わせだけを行なっても、経営の改善策が出てくるはずはないし、商売もうまくいきません。

経営改善計画は、将来会社が大きく発展するためにつくる。

それを考えることができるのは、社長しかいないのです。

ココがポイント

- 認定業者がつくる経営改善計画は、あくまで「借入金返済計画」である。
- 「借入金返済計画」どおりに実施しても、お金は返済できても、経営改善はできない。
- 経営改善計画は、社長自らが考えるのがベスト。

中小企業再生支援協議会は、使うのではなく、こうして利用する

理想と現実のギャップ

「中小企業再生支援協議会（再生支援協議会）」という存在も曲者《くせもの》です。

再生支援協議会は、資金繰りに窮した中小企業の経営者が本人の意思で窓口相談に訪れることを前提としています。

そこでは、協議会の責任者が相談に応じてくれ、再生の可能性ありと判断すれば、事案が協議会に所属する専門家に移され、会社の再生支援計画案の作成に至るまでを援助することになっています。こうして作成される再生計画案は、

①5年以内に債務超過を解消する。
②3年以内に経常利益が黒字になる。

この2つの要件をクリアする内容でなければならないとされています。

この要件を満たすために、金融機関は債権カットに応じることもあり、その場合は免除益に対して税制上の特典も受けられることになっています。

この方式で事業再生を行なえば、取引先を巻き込まず、企業価値の毀損《きそん》も少なく、ほぼ金融機関との協議だけで済みます。

もちろん、全債権者の同意を得ることができれば、会社はめでたく生き残ることができると言います。

お上が描いた絵だけを眺めると、非常にありがたい話のように見えます。

しかし、**現実の運用は、初めからこの絵とは異なっています。**

たとえば、最初に記したように、中小企業の経営者は自分の意思で再生支援機構の窓口を訪ねることになっています。

ところが、**実際には、資金繰りに窮してリスケのお願いに行った先の銀行が、経営**

者を再生支援機構に連れていくのです。

また、再生支援機構の責任者が行なう「再生の可能性あり」という判断も、当の中小企業の要望とは異なった方向で行なわれます。**銀行のニーズが優先される**のです。

最終的に事業は助けられるが、経営者の未来は……

そのときに行なわれる再生計画支援とはどういうものか？

期待とは裏腹に、**中小企業の経営者に最大限の債務を返済させることを目指した「支援」**です。だからこそ、**再生計画をつくる間に、経営者本人と会社の資産には、徹底的な調査が行なわれます。**

また、**再生計画案が整って金融機関との協議に臨めば、銀行は銀行で、可能な限り債権回収を図ろうとします。**

多くの中小企業は、債務過多が原因で返済不能になっています。

そこまで踏み込んで再生支援をすることは稀であると考えるべきで、問題を先送りしている状態です。

再生支援協議会の設置は、産業活力再生特別措置法（産活法）に基づいています。この産活法は、産業競争力の強化を目指すために事業再編の円滑化を図ることを目的に成立しています。

法律の趣旨を考えれば、会社をできるだけ潰さないという意図があることがわかります。会社の法的整理をすれば、債権が回収できなくなるだけでなく、雇用に影響し、技術力を失うという社会的損失もあります。取引先企業の経営にも影響します。

だから、会社は何とか再生させてくれるかもしれないと思えてきます。

しかし、**最終的にどうなるかといえば、「社長さんは経営責任を取ってください。個人保証のことですよ」と言われます。**

早い話が、**「事業は助けてあげますから、社長は死んでください」**ということです。

事業の再生、経営者の人生の再生のために、使わずに、利用する

事業再編の円滑化が過去、政策的に誘導された淘汰（業界再編）によって行なわれ

てきた事実を思い起こせば、再生支援協議会が中小企業の社長を身ぐるみ剥いで追い出そうとするのは、当たり前のことなのかもしれません。

銀行も損をしたわけだから、経営者も応分の責任を果たしてもらうというのはわからないではありません。

しかし、**中小企業の再生とは、経営者の人生の再生を第一に考えるべき**だと私は思っています。

中小企業にとって事業再生とは、ただ事業再生できればいいということではありません。同時に**中小企業の経営者の人生を再生しないことには、個人保証をさせられている経営者の息の根を止めてしまう恐れがあります。**

だから、再生支援協議会を使ってはいけないと強く思うのです。

使えば、罠にはまります。

使うのではなく、利用するのです。

再生支援協議会に相談し再生計画を立てれば、**たとえば1年で尽きる寿命でも5年に延びるかもしれません。再生支援協議会が仕切ってくれることにより、リスケがうまく進むなど、余裕が出てくる可能性**があります。

その延びた数年間をうまく使えば、事業再生のために、社長の人生の再生のために、いろいろな手が打てるはずです。

そういう強い心構えで取り組むことが大切です。

ココがポイント

・中小企業再生支援協議会は、中小企業の経営者の完全な味方ではない。

・使うのではなく、利用して、延びた時間で、事業再生のために、自分の人生再生のために、あらゆる手を打つ。

銀行の人的ネットワークを無駄にしてはいけない

銀行員も人の子、いい関係を築けば助けてくれる

本書で繰り返しお伝えしていますが、銀行と銀行員は違います。

取引銀行の銀行員も人の子ですから、**長年付き合いをしていれば、この会社を再生不能にしてしまうのはかわいそうだと思うこともある**はずです。

私自身も、大学時代から銀行と交渉をしてきましたから、多くの銀行員と信頼関係を築くことができました。

それは、いつでも相談できる人的ネットワークであり、私のかけがえのない財産で

もあります。

借入のとき、債務処理をするとき、いつでも多くの銀行員が手を貸してくれました。内部情報をごっそり教えてくれた銀行員もいれば、「こうしたほうがいいですよ」と指南してくれた銀行員もいます。サービサーと事前交渉してくれた銀行員も、私に代わって調査をしてくれた銀行員もいます。

また、破たんした銀行の残務処理をしていた銀行員が、「あのときはお世話になりました」と事がスムーズに運ぶよう取り計らってくれたこともあります。

私は、彼らにたくさんの心温まる手助けをしてもらいました。

ことほどさように、**中小企業の経営者にとって、銀行の人的ネットワークは重要**です。

逆に言えば、銀行員に「こいつ」と思われたときはもう終わりです。

助かる道があるときでも、その道を進んでいくことができなくなります。自力でできることと、できないことがあるわけです。

銀行員との信頼関係の築き方

では、どうすれば彼らとの信頼関係を築けるでしょうか？

私がいつもお伝えするのは、**「信頼を得て、信用してもらう」**ということです。

信用は、お金では買えないし、時間でも買えません。

中小企業の経営者は、取引先に対しては誠意を見せているはずです。

たとえば、支払いが遅れる場合でも、ちゃんと連絡をするでしょう。事情を説明し、必ずこうしますと約束し、相手に了解してもらい、その約束を絶対に守ります。

銀行も取引先の1つなのですから、同じことをしていなければ嘘です。

まず、**期日を守る。**

万が一、**不測の事態が発生したときも、逃げずにちゃんと説明し、新たに交わした約束を間違えない**ことです。

相手が「あの人は間違いない。嘘は言わない」と受け止めてくれるだけの、実績の質であり、量であると言い換えてもいいでしょう。

信頼関係とは、その積み重ねで築き上げられています。

「心ある誠意」は見せなくていい

ただ、誠意を見せるのは重要ですが、その一方で私は、**会社の再生過程では「心ある誠意」は見せなくていい**とも言っています。

心ある誠意とは、「私は丸裸になります」「全財産はこれです」「申し訳なかったです」「何とかこれでご勘弁ください」という誠意です。

心ある誠意を見せてしまうと、もはや食うべき手段がなくなります。

だから、**私たちが彼らに見せるのは、もっぱら「心ない誠意」**です。

心ない誠意とは、「私はもう丸裸になります」と言いながら、実はパンツ1枚隠し持っている。

それは生きる術だから、許されるし、いいと思うわけです。

信頼関係もまた、阿吽《あうん》の呼吸で成り立っています。

たとえば、昔なじみの友人が「１００万円貸してくれ」と言ってきたとします。事情を聞いて何とかしてやりたいと感じ、手元に貸せる金もあったとします。

あなたならどうしますか？

このとき、１００万円を貸す人もいるでしょうが、そうでない人もいるでしょう。後者の人がとるのは、たとえば「この金、持って行ってくれ。返す必要はないよ」と相手に10万円を渡すような行為でしょう。

１００万円を貸してしまったら、自分が困るし、昔なじみとの関係もこの先どうなるかわかりません。だから、10万円をあげる。

心ない誠意とは、こういうものです。

１００万円を貸したほうがいいことをしたように見えるかもしれませんが、相手の要求を満たしてしまえば、それっきりになってしまう関係もあります。

特に「貸した」「借りた」の関係であればなおさらです。**心ある誠意が、常に最良の道であるとは限りません。**

銀行員にとっても、場合によっては「心ない誠意」のほうがむしろいいときもあるでしょう。私はときどき、そんなことを感じることさえあります。

それはともかくとしても、**銀行の人的ネットワークを無駄にしてはいけません。**

「この銀行員はすばらしい」と思うなら、支店だけのお付き合いにせず、いつまでも関係性を持ち続ける工夫をして、信頼関係のある銀行員を増やす努力をする必要があります。

その地道な努力によって、私は１４０億円を借りることができました。

ココがポイント

- 「信頼を得て、信用してもらう」ものなので、まずは期日を守る。
- 誠意を見せるなら、「心ある誠意」ではなく、「心ない誠意」を。
- 将来性のある銀行員とは、いつまでも懇意にして、つながっておく。その人脈が将来のあなたを助ける。

「バンクミーティング」の罠にご用心

自分の首をますますきつく絞める!?

リスケを行なうときに、融資をした銀行の担当者がみなさん集まって、会合を持つ場合があります。

もちろんそれは、会社からそれぞれの銀行に「集まっていただきたい」とお願いして開くのですが、「各行の担当者を集めるようにしてください」と会社に要求してくるのはメインの銀行です。

会合を仕切るメインの銀行は、その場で

「こういう形でリスケしたいと考えておりますが、みなさんご同意をよろしくお願いします。配分は借入に応じてやらせていただきます」

などと方針を示します。

それぞれの銀行担当者も、要望を述べ、質問をし、その場でおおよそのコンセンサスが図られます。

これが、バンクミーティングと呼ばれるものです。

メインの銀行の機嫌を損ねてはいけないとばかり、簡単に会合の開催に応じてしまう経営者は多いのですが、これではどうにもいけません。**自分の首をますますきつく絞めることになる**からです。

銀行同士が結託する可能性も

バンクミーティングをやられると、それぞれの銀行の担当者はコミュニケーションを図るようになります。お互い顔見知りになり、情報を共有し、団結するようになるわけです。

これは、**やり方によっては、立場が悪くなることがある**のです。

融資をした銀行が5行あっても、団結していなければ、あくまで1対1の交渉です。ところが、一度バンクミーティングを開いてしまえば、それ以降は**5対1の戦い**になってしまうわけです。

こちらに勝ち目が出てくるはずがありません。

本来なら、「A銀行はこうしてくれたのに、どうしてお宅はそういうことを考えてくれないんですか」と、相手を分断させ、対立させて、より有利な条件を引き出す必要があります。

そうしなければ、ただでさえ弱い立場に置かれた会社を盛り返せません。

私は、これをやられてしまった社長を何人も知っています。

その結果、何が起こるかといえば、**債権を持つ銀行がみな、どう会社を料理してうまく回収するかを考え、結託するようになります。**結果として、戦勝国が寄り集まって、敗戦国を処理するような話に向かってしまうわけです。

すると、会社にはメインの銀行から**「こちらの言うとおりにやっていないじゃないですか」と、たびたび叱責が飛んでくる**ようになります。

なぜかといえば、**いつの間にか総監視体制が敷かれ、それぞれの銀行におけるお金**

の移動を含めて、会社がどういう動きをしているか筒抜けになっているからです。

そのときは、もはや銀行の意向に対して、**社長の意見や考えが通らなくなります**。

経営者たるもの、難局を乗り越えるためにあの手この手を考えているはずですが、それを**実行するための手足を完全に縛られてしまう**わけです。

バンクミーティングを開きたいと要求されても、受け入れてはいけません。要求を呑めば、必ず墓穴を掘ることになります。

万が一、行なわざるを得ないときは、周到な準備をしておく必要があります。

ココがポイント

・バンクミーティングは、できるだけ回避したほうがいい。
・バンクミーティングでは、銀行同士が結託し、会社の動きが筒抜けになる可能性が高くなる。

会社分割と事業譲渡に期待してはいけない

うまい話にはウラがある

このところ、第二会社を使って会社分割や事業譲渡すれば、すべての中小企業が再生できるかのような話をする人が増えています。

実際、弁護士や税理士の肩書を持つ人々が講師を務めるその手のセミナーが開催され、書籍も発売されています。また、いかがわしい再生コンサルが強引に会社分割や事業譲渡をして、逆に銀行に訴えられ、すべて敗訴している事実もあります。

会社がしんどくなった中小企業の経営者が、そうした話にすがろうとする気持ちはよくわかります。

ですが、この**「第二会社方式」がすべての中小企業を救うわけではありません。**

現実を見れば、多くの中小企業が倒産に追い込まれています。

民主党政権時代に施行された**中小企業金融円滑化法（モラトリアム法）が2013年3月に期限を迎え、**その間に増えた中小企業の隠れ不良債権がいずれ表にどっと出てくる。そう予想されたことが、大倒産時代が到来する理由でした。

私たちは、依然として、その真っ只中にいます。だから、債務の解消に苦しむ経営者が後を絶ちません。こうした状況下にあっても、「第二会社方式による会社分割や事業譲渡」が万能であれば、本来恐れることは何もないはずです。

しかし、**実際にはうまくいかない例が積み上がっています。**国も中小企業の活力を生かすと言いながら、実は整理・淘汰を急いでいるようなところがあります。

リスケを3年以上している会社をゾンビ企業と呼んで、ゾンビ企業退治をしようとしています。3年も支援したのに復活できないのなら、支援を打ち切ってもしょうがないという雰囲気が漂ってきています。うまい話を信じ込んではいけないわけです。

会社分割や事業譲渡の前提条件

会社分割や事業譲渡をするには、前提条件があります。

それは、**取引している金融機関すべての合意**です。すべての取引金融機関が「あなたの会社は永遠に続いてもらわないといけません。金融機関としては、損をしてでもあなたの会社を助けます」と支援してくれなければ、この仕組みは成立しません。

このことをわからずにやっているコンサルタントがあまりにも多すぎると思います。だから、その手を使ってみようかと考える経営者も理解が進まないのです。

会社分割や事業譲渡には、けっこうなコストと時間がかかります。なぜかといえば、弁護士や司法書士の費用などがかかり、金融機関と交渉し、引き継ぐ債権債務の額について合意しなければならないからです。

自社の都合だけでは決められませんから、第二会社に移される借金はけっこうな額に上ります。第二会社が引き継いだ借金を返せなければ、二次倒産になるだけです。それでもやりますか、という話なのです。

それは受け入れがたい話だというのであれば、

「銀行にわからないうちに必要な分の事業を譲渡してしまって、借金をギューッと圧縮する方向にもっていったほうがいいかもしれませんよ」

という話にもなるはずです。このやり方を、私は**ステルス方式**と呼んでいます。のちほどあらためて詳しく説明します（270ページ参照）。

第二会社を使った会社分割や事業譲渡で再生できるのは、有形資産を持ち、人材や技術力などの無形資産もあり、銀行も協力をいとわないような企業のみです。

この条件を満たせない大半の中小企業にとって、第二会社方式を使った会社分割や事業譲渡は絵に描いた餅です。期待を寄せてはいけません。

ココがポイント

・会社分割と事業譲渡は、限られた企業のみにしか通用しない。
・しかし、銀行にわからないうちに、事業譲渡する方法がある。

第三者への保証人の罠にハマってはいけない

金融庁の監督指針のカラクリ

今の金融庁の監督指針では、会社が融資を受ける際の保証人を代表者以外に求めることを基本的に禁じています。

ところが、第三者の保証人は、まだ生き延びています。依然として銀行が社長の奥さんなどに、保証人を求めてくることがあります。

なぜかといえば、**第三者保証人を求めないことが原則である**と謳った金融庁の監督指針そのものが、それを認めているからです。

そこには、金融庁のチェックポイントがこう記されています。

《経営者以外の第三者が、経営に実質的に関与していないにもかかわらず、例外的に個人連帯保証契約を締結する場合には、当該契約は契約者本人による**自発的な意思に基づく申し出によるものであって、金融機関から要求されたものではない**ことが確保されているか。》

自発的な申し出がない限り、第三者保証人にさせてはダメですよ。

そう書いてあります。わざわざ自分から手を挙げて保証人になる人は絶対にいないと思いますが、「いる」ということにされているのです。

それはどういうことかというと、銀行は、「融資と引き換えに第三者保証人を出してくれ」と言います。

「1000万円必要なら、頼みますよ」と社長に言えば、社長は奥さんを泣き落とすかもしれません。ひょっとすると、「奥さん、ご主人の会社が危ないんです。うちは助けたいと思っているんですが、どうしても上に通らないから、ご協力いただけませんか」ということだってあるかもしれません。

しかも銀行は、「私は自発的に保証人になりました」という内容の書類まで用意し、署名捺印させています。

まるで**自白調書のねつ造のようなことをやっている**わけです。

地方の銀行はエゲツない!?

おもしろいもので、田舎に行けば行くほど、奥さんなど身内の人が第三者保証人になっているケースが目立ちます。大都会ではまかり通らないものが、**田舎ではよくあるのです。情報に疎い部分を狙い撃ちしているかのような状況**です。

さらにひどい場合は、保証人契約を公正証書でやっている金融機関まであります。

ふつうの保証人契約では、債務者が支払いをしないときは裁判を起こして判決を得なければ強制執行することができません。

ところが、公正証書にしておけば裁判不要で執行手続きに入れます。すぐに差し押さえができるわけです。

そこまでやったら、もう金融屋だと思いますが、そういう話が後を絶ちません。

公正証書の保証人契約を行なったケースは、私も扱い、戦いました。

「こういう事情になっていますよ。こういうことが許されていいんですか」と、銀行主導で作った公正証書とその他の書類を金融庁に提出しました。

そのときわかったのは、金融庁も銀行を検査するときにそんなことまでいちいち調べないということです。書面でしか検査できませんから、書類さえ揃っていれば、どういう事情かというところまでは斟酌しないのです。

これは法律で禁じない限りなくならないと、私はそのとき強く感じました。

こういう場合の**取り急ぎの対処法**としては、**第三者保証は、銀行が要求してきても受けない**というのが基本です。

また、録音などの防衛手段も忘れずに講じておく必要があるでしょう。

ココがポイント

・第三者保証は、銀行が要求してきても受けてはいけない。
・金融庁は、担保主義、保証主義からの脱却を謳っているが、現場にはまだ温度差がある。
・銀行によって今後、大きく差が出てくる。銀行を選別することがとても大切になる。

金利にビビらずに、目いっぱい借りておく

不測の事態に備えて、借りられる限り借りる

資金を分厚くできるなら、**手元現金は金利を支払ってでも分厚くしておくに越したことはありません。**

ですから、同じ名目で取引銀行すべてに融資を申し込み、仮に2社から融資が受けられたとすれば、それはそれでとてもいいことです。

銀行がお金を貸してくれなくなるときは、いずれ必ずやってきます。

今でこそ金融緩和でお金がじゃぶじゃぶになっており、銀行もバンバン貸そうとし

ています。

とはいえ、**いつ引き締めが起こるかもわからない**し、このじゃぶじゃぶの状態が永遠に続くわけでもありません。

私が阪神淡路大震災を経験したように、**天変地異という不測の事態に直面しないとも限りません。**

今は、将来のリスクに備えるときなのです。

資金を借りれば金利の支払いが大変になるからと、ビビる気持ちはあるでしょう。

ですが、**会社経営で本当に怖いことは、返済や金利の支払いではありません。**

会社は、どんなに赤字でも資金があるうちは潰れません。しかし、**資金がショートすれば、どんなに黒字でもすぐに潰れてしまいます。**

だから、**もしビビるのであれば、手元資金が薄くなっていることのほうに大きな恐怖を感じるべき**です。

手元に分厚い現金があれば、たいていのことは乗り越えられる

私の話をすれば、大震災が起こったとき、会社の預金は10億円以上ありました。それだけの資金があったからこそ、あの大変な状況のさなかに、余裕をもって対処することができました。

もしも資金がギリギリしかなかったら、どんなにか慌てふためいていたことだろうと思います。

震災が生じた後の銀行の対応を見ていて、私は「これは資金が出るな」とすぐに察しました。

そこで、さっそく取引先の銀行を片っ端から回りました。

お願いしたのは、「まずは元金の引き落としを止めてください」ということ、そして「資金がいるから無担保で1億円貸してほしい」ということでした。

そうやって取引先のすべての銀行に無担保で1億円ずつ出させることに成功し、会

社の資金はさらに分厚くなりました。

経営者とは、こういうことをやらなければいけないのです。

あのとき私は、「これでどんなことがあっても、あと3年は大丈夫」と、ずいぶん胸を熱くしたものです。

事業の立て直しに必要なもの

手元に分厚い現金があれば、たいていのことは乗り越えることができます。

私の顧問先に、借入と預金を相殺する形にした借金ゼロの会社があります。その会社は創業以来初の大きな赤字決算となったため、「一度見てほしい」と私に依頼してきました。

社長は、いかにも自信ありげにこう言いました。

「うちは事実上の無借金ですから、なんとかいけますよね」

そこで計算に取りかかったのですが、今期の赤字は数千万円にも上りました。

そこで私が得た結論は、「このまま行くと3年後に潰れますよ」というものでした。

事業を立て直すにはそれなりの時間がかかります。その時間を稼ごうとすれば、物を言うのはやはり資金量です。

分厚い手元資金がなければ、前向きなチャレンジはできません。

しかし、この社長は二の足を踏みました。

お金を借りることに、根源的な恐怖心があるのでしょう。無借金でやってきた社長には、返済や金利の支払いができなくなって、自分の財産を失うことを、極端に恐れる人が多いように思います。

「借金は怖くありませんよ。本当に怖いのは手元資金がなくなって、会社がどうにもならなくなることですよ」

私の話を聞いているうちに、社長も考えを変えました。

そして、金余りの今のうちに借りられるだけ借りようとの方針が決まり、取引先の銀行すべてを回って総額3億円を借りることになりました。

いざお金を借り、**分厚い手元資金ができてみると、やはり経営に余裕が生まれます。**

「これなら安心して打つ手を考えていける」と、借金に対する社長のイメージもすっかり変わったようです。今では新規事業にもチャレンジして、将来楽しみな会社に変貌しています。

お金は、借りられるときに、借りられるだけ借りておくのがベストです。

いつか金融が引き締めになるかもしれません。また、本当に会社の調子が悪くなると、一銭も借りられなくなります。

もちろん**無駄遣いは一切せず、万一の備えとして置いておけばいい**のです。

ココがポイント

- お金は借りられるときに、できる限り借りておく。
- 手元資金があれば、どんな不測の事態が生じても、乗り越えられる。
- 手元資金があれば、事業の立て直しにも、前向きなチャレンジができる。
- 融資は、金利が低い短期融資よりも、少々金利が高くても長期融資を選ぶべし。それが、分厚い手元資金の元になる。

目的が明確でない新会社設立はやってはいけない

新会社設立が失敗する2つの理由

ゆくゆくは**本業がダメになるかもしれないから、他に稼ぐ手段をつくっておこう。**

そう考えて新会社を設立し、新たなチャレンジをする経営者は少なくありません。

ところが、経営者のこうした思惑は、私の知る限り、ほとんど実を結んでいません。

本業がダメになったときに、新会社も一緒にダメになっているからです。

どうしてこのようなことが起こるのか？

理由は、主に2つあります。

①経営者本人が、目的をはっきり把握していない。

②いざというときに確実に目的を果たす新会社の仕様を考えていない。

この2つに尽きます。

新会社は、本業の会社がダメになったときのリスクヘッジ会社にするかどうかです。万が一のときに、**新会社の事業が成り立っているから生活ができ、再起もできるという状態**にしておかなければ、新会社の設立も意味がありません。

新会社を設立する際に注意すべきこと

であれば、まず、やってはいけないことがいくつかあります。

一番やってはならないのは、会社で出資することです。

会社で出資すると、出資の事実が決算書に載ることになり、それを見た銀行は「関連会社や子会社の決算書も持ってきてください」と要求してきます。

つまり、**関連会社や子会社についても、経営内容を全部明らかにしなければならな**

くなるのです。

一方、個人で出資し、本社の所在地も社長も違う会社を設立すれば、銀行に存在を知られることはありません。銀行の目が届かないため、その分会社を自由に動かすことができます。

個人出資であれば、融資という点でも会社を利用できます。

親会社で出資した関連会社や子会社の場合は、融資を申し込んでも親会社と一体と見なされ、融資枠を制限されてしまいます。

会社は増えたのに、受けられる融資はうまく増えてくれないわけです。

これは、銀行もそうですが、信用保証協会でも同じです。

A社がB社をつくった場合、信用保証協会の保証枠はA社B社合算でいくらまで、という形で決められます。

ところが、経営者も株主も本店も違う新会社となると、A社とB社は別々の扱いですから、保証枠も別物になります。

何のための関連会社かという点にもよりますが、**もし銀行融資を受けることを目的の一つにするならば、会社出資では意味がありません。**

せっかく設立した関連会社や子会社が十分な融資を受けられないとしたら、事業再生の手段としても十分には役立ってくれないでしょう。

優良事業だけを移し替える新会社を設立して生き延びる秘策

こうした関連会社や子会社の設立は、それほど難しいことではありません。

たとえば、**結婚し苗字が変わった娘を社長に据える**とか、**株はこっちで握っておいて従業員に暖簾分けするような形の会社をつくる**とか、いろいろな方法があります。

大量の不良債権を抱えたメガバンクの不良債権処理では、政府主導でバッドバンクを設立し、本体の不良債権を移し替えて処理する案がよく議論されます。

とすれば、それとは逆に、**優良な事業だけを親会社とは関係のない新会社に移し替え、事業を再生させるスキームがあってもいい**はずです。

私の場合は、このような発想で子会社をつくり、事業を再生させました。

子会社といっても、私にとってはそのとおりですが、第三者から見れば私とはまったく関係のない新しい会社にしか見えないわけです。

もちろん、**親会社と商取引をする子会社の社長が、すぐに親会社の社長の血縁だとわかる場合**は、税務署に「身内で勝手に取引して節税し、税金逃れをしているのではないか」と疑われます。ですから、その点は**注意が必要**です。

ただ、**親会社と子会社に資本関係がなく、株主も違うとなると、これはもう税務署も何も言うことはできません。**

万一のときに新会社で生き延びるには、他にもいくつか条件がありますが、先に挙げた「基本のキ」でさえ、多くの経営者はしっかり実行していません。

その結果、すぐ銀行の知るところとなり、すべてがオープンになってしまうケースは多いのです。

これでは、せっかくのチャレンジも水の泡です。

こういうところに目が届き、しっかり利用できる形にしていなければ、リスクヘッジのための新会社にどれほどの価値があるというのでしょうか？

本業の会社と合算の融資枠や保証枠では、資金手当てに必ず支障をきたします。

目的を明確にして、新会社設立2つのメリットを活用する

新会社を設立すれば、**大きなメリットが2つ**使えます。

1つは、無担保・無保証で創業資金を貸してくれることです。

銀行は、設立後少なくとも3年間は絶対に貸してくれませんが、日本政策金融公庫や信用保証協会などには創業資金の融資制度がつくられており、**500万円から2000万円**まで借りることができます。

もう1つは、会社設立から2期、消費税を納めなくていいことです。

現行の消費税8%でも大きいと思いますが、この先10%になることを考えると、これは相当に大きなメリットです。

私の場合は消費税で痛い目に遭いましたが、それを回避する手段が2年間手に入るのです。

ですから、将来のリスクヘッジのために新会社をわざわざつくるというなら、**こう**

したメリットを十分に享受《きょうじゅ》できるようにするべきです。

逆に言えば、メリットをちゃんと利用できないような新会社であれば、つくる意味はありません。

目的のはっきりしない新会社設立という新たなチャレンジは、やめるべきでしょう。

ココがポイント

・目的が明確ではない新会社設立は、逆効果。
・新会社設立の際は、会社出資ではなく、個人出資で。
・目的を明確にした新会社設立で、２つのメリットを享受する。

共同担保でお金を借りてはいけない

2つ以上の共同担保は厄介

共同担保（共担）とは、同一の債権の担保として、異なる不動産の上に設定された抵当権のことです。

たとえば、1億円の融資を受けようとするとき、銀行は、融資申込者に、それぞれ5000万円の担保価値があるA物件とB物件を共同担保として差し出すよう要求することがよくあります。

A物件に5000万円の担保設定し、残るB物件に5000万円の担保設定するのではなく、融資1億円の共同担保にAとBをつけてくれという話にしてきます。

一つの不動産で、土地と建物の共同担保というなら、問題は生じません。

しかし、**2つ以上の不動産を共同担保に取られると、厄介なことになります。**

少し説明しましょう。

A物件とB物件が1億円の融資の共同担保にされた場合、銀行はA、Bそれぞれに1億円の根抵当権を設定します。そういう処理をした上で、1億円を貸し出します。

すると、他の銀行は、そのA、B両物件には**担保余力が残っていないと判断**し、もはや担保を設定しようとはしません。

なぜなら、共同担保で1億円借り、そのうち5000万円を返済している場合でも、根抵当権がA、B物件ともに1億円ついているからです。

1億円までは、融資を実行した銀行が優先的に回収してしまいますから、他の銀行が「貸せない」と考えるのも当然です。

つまり、**どんなに担保価値の高い物件であっても共同担保に取られると、もうそれらを担保にお金を借りることができなくなる**のです。

共同担保は、銀行にとって最も都合のいい貸出方法です。

別々な担保設定で、有効活用する

一方、1億円の融資に対して、A物件5000万円、B物件5000万円という具合に**別々に担保を設定**すると、5000万円返済したときに「物件の担保を1つ外してください」と言うことができます。

また、銀行によっては、その担保の下に2000万円の担保をつけられると判断するところもあるはずです。

なぜなら、担保価値5000万円の物件で、市場価格がおよそ7000万円とすると、融資に積極的なら「2000万円貸しましょう」という銀行は出てくるでしょう。

このように、**物件を共同担保にしているか否かで、資金繰りはまったく違ってきます。**

逆に、**銀行が共同担保を設定したがるのは、担保に対する支配権を確立し、回収を容易にするため**です。銀行に有利な形の担保（共同担保）を設定すれば、こちらの借入総額が少なくなり、資金繰りが不自由になるのも当然です。

大切な資産を有効活用し、借入総額を増やしたほうが事業はやりやすくなります。

しかし、こうした知識がないために、銀行にいいようにされています。そこから脱するためには、まずは共同担保でお金を借りないことです。

すでに共同担保を取られている場合の対処法

すでに共同担保を取られている会社は多いはずです。たとえば、**「奥さんの実家、この前相続でもらったでしょう。それを共担に入れてもらえますか？」**と言われて差し出してしまった。そんなケースは、しばしば耳にします。

そういうときは、銀行にこう尋ねてみてください。

「その物件を売ろうと思うのですが、いくらで売れば担保から外してもらえますか？」

銀行は資金を回収することができますから、「物件を売りたい」と言われたら、嫌とは言えません。

もちろん、**こちらは金額を知りたいだけで、売る気はない**のですが。

「3000万円でいいですよ」

仮にこういう答えを聞けたら、「このくらい払えば、担保を外すんだな」と考え、**その次の段階で、共担をやめさせる仕組みをつくれます**。

どういう仕組みかといえば、誰かに物件を3000万円で売ります。その3000万円を銀行に回収させ、担保を外します。そうしておいて、今度は一族の誰かが、その物件を、たとえば3200万円で買い戻します。買い戻し資金の3200万円は、共担を外れた奥さんの実家を担保に、他の銀行から借りることができます。

経営者は、やられっ放しではいけません。

ココがポイント

・どんなに担保価値の高い物件でも、共同担保に取られると、それらを担保にお金を借りることができなくなる。

・共担をやめさせる仕組みはつくることができる。

コラム

三條メソッドで、「会社のお金」問題を解決した経営者

中小企業支援協議会をうまく利用できた経営者

――宝飾品販売会社・中国地方

私の下に宝飾品販売会社の経営者が相談にやってきたのは、2013年のことでした。

会社の本社は中国地方にあり、業界では名の通った中堅的存在です。事業は堅実で、利益も計上し、銀行の評価も高かったのですが、やはり長引く不況の影響で、借入金の返済がうまくいかなくなったと言います。

一番の重荷は、バブル期に建てた本社ビルの融資資金、およそ2億円でした。

経営者によれば、これは、銀行が積極的に行なった融資で、銀行サイドも責任を感じているのか、当初は、何とか支援しようとする姿勢がありました。

そこで、経営者は、銀行にリスケを申し出ました。

すると、「中小企業支援協議会に相談に行き、認定業者を使って、経営改善計画を策定してください」と言われ、何も事情を知らない経営者は、そのとおりにしました。

その後、経営改善計画を策定し、リスケは実現したものの、経営者は疑問を感じるようになりました。

というのは、結局のところ、手足を縛られただけだったからです。

余った資金は、すべて銀行に吸い取られるし、将来への投資は、何もできない。がんばっている社員に対しても、昇給やボーナスの支給を認めてもらえない。

会社は、一気に精彩を欠き始めました。

「これでは、会社が自滅するのを待つだけだ」

そう危機感を強めた経営者は、私を訪ねてきたわけです。

この経営者と私は、さまざまな角度から検討を加えました。

会社を立て直すためには、とにかく資金が必要ですが、リスケをしているため、新規の融資は受けられません。

私たちに与えられた唯一の武器は、中小企業支援協議会という公的組織を通して計画書を策定したことで得られる、3年間の時間的猶予でした。

そこで、事業承継を含め、事業再生の大きなプランを練ることになりました。

さっそく後継者が、本社とはまったく資本関係のない、株主も異なる「ステルス方式の第二会社」（270ページに解説）を、東京に設立することになりました。

ここで注意していただきたいのは、ステルス方式の第二会社をつくると言っても、単に本社から第二会社に事業を移せばいいというものではないという点です。

たとえば、柔道で技をかけるとき、引き手に力を込めるだけでは技がかかりません。引き手で相手の体のバランスを崩し、同時に釣り手で相手の体の動きを封じるからこそ技がかかります。

それと同じことで、本社がどんなにがんばっても、第二会社が銀行融資を受けられる立派な会社になっていなければ、事業再生という技はかかりません。

そこで、第二会社は、設立から数年で立派な業績の会社に持っていきます。

本社と第二会社の両方の力が合わさってこそ、事業再生を行なえるわけですが、これは正しい方法を正しい順番で実行して初めて成功することです。

ここで大切なことは、事業が黒字化されているかどうかです。

赤字の会社をただ借入を圧縮しても、二次破たんするだけです。

そのために、どうすればもっと利益が出る会社になるかを検討・協議を重ねることが、とても重要になります。


さて、銀行は、会社が経営改善計画どおりに物事を進めているか、半年ごとにチェックを行ないます。そのとおりに進めるよう、経営者に圧力をかけてくるわけです。

計画から逸れていると判断されると、銀行支援は受けられなくなり、リスケの継続もできなくなる可能性があります。

実は、この会社の経営改善計画の中には、「本社売却による借入金圧縮」という項が盛り込まれていました。

当初、この経営者は、絶対に売却しなければならないという話でもないだろうと受け止めていたのですが、銀行から「そちらが具体的に進めなければ、こちらで買い手を探します」と言われてしまいました。

本社売却が会社に与えるデメリットは、地方の中小企業にとって決して軽くありません。

「売ったらしいぞ」という噂はすぐに広まり、その話はいずれ「倒産するんじゃないか」に変わっていきます。それが基で、支払い条件や取引条件を変更される可能性も出てきます。

銀行に買い手を見つけられると、もうこちらではコントロールできなくなるため、急ぎ、信用できる会社に本社ビルを任意売却することにしました。

銀行は、移転するものと考えていたようですが、「先方さんがすぐに使用しないからと、賃貸の依頼があったんですよ」と言い訳をして、そのまま賃貸で使用し続けることにしました。

この方法で、会社の信用に傷がつくリスクを回避することができました。

後継者が東京に設立した宝飾品の販売会社には、少しずつ事業を移管していきました。

やり方は、たとえば、在庫ならば、信用できる会社に本社の在庫の一部を買い取ってもらいます。それを今度は、後継者の会社が買い取ります。後継者の会社が直接買い取ると、第二会社の存在がすぐバレてしまいますが、こうした方法を取れば、在庫がどこに流れたかはわからなくなります。

取引先についても、取引先からの注文や問い合わせの折などに、「現在は東京の販売会社が取り扱っていますので」と、少しずつ移していきます。いっぺんにやってはバレてしまいますから、これも時間をかけて、じわじわと実行していきます。

このように進めていくと、本社の事業と利益はどんどん縮小し、やがて不採算事業と借金だけが残っていきます。

「うまくいかないときは、何もかもうまくいかないものですね。やってられません。取引先にも逃げられてしまう始末ですよ」

銀行には、絶妙のタイミングで、悪い情報を流しておきます。

最後は当然のことながら、リスケした返済や金利の支払いもできない状態になり、会社は存続不能状態になりました。

一方、東京の後継者の会社は、すでにその頃には事業は拡大し、売上も利益も伸長、銀行が融資をしてくれる立派な業績の会社に育っています。

後継者は、銀行から融資を受けて、地元の本社ビルを買い戻すことに成功しました。


残る問題は従業員ですが、本社が倒産したにもかかわらず、従業員は相変わらず本社ビルで働いていました。

まわりの人々は、「本社ビルの一角を借りて、元従業員が何か関連の仕事を始めているようだ」と理解していたわけですが、彼らは人知れず東京の後継者の会社に移籍を果たしていました。

もちろん、事前に結末を知らされていた従業員はいませんでしたから、それなりに心労はあったと思います。

しかし、いざフタを開けてみると、雇用継続のハッピーエンドだったわけで、みな以前にも増して、はつらつと働いています。

そして現在、経営者は個人保証を消すために、債権の請求の時効5年を待つか、自己破産するか、いずれの方法を取るかを検討中。焦らず処理をしていく予定です。

ここで大切なのは、相談に来られた経営者の人生の生きがいと今まで築いてきたプライドを守りながら、進めることです。

大企業のように記者会見して、「すいませんでした」では済まない中小企業経営者にとって、背負わされた個人保証問題をどう解決するかが、人生の大きな課題となります。

そして、地域での長年の信用を傷つけないように、うまく終息させるのが大切です。

計画、実行、目途がつくまでおよそ3年。後継者の会社は今、活気が出て業績もよくなり、未来の明るい会社に変貌しています。

前経営者の個人保証を引き継ぐこともなく、後継者へ安心のできるバトンタッチができました。

第4章

銀行がお金を貸したくなる交渉術

その借入に、ストーリー性があるか？

「稟議が難航しているようです」

あるとき、雑貨の小売業で店舗拡大している社長が相談に見えました。

「銀行から仕入れ代金が借りられないかもしれない。どうしたものでしょう？」

聞けば、2カ月先におよそ3000万円の仕入れ資金が必要になると言います。

取引銀行に融資を申し込んだものの、待てど暮らせど返事がなく、しびれを切らして連絡した担当者に「稟議が難航しているようです」と言われました。それで、心配でならなくなったようです。

「詳しく話してください」と私は言いました。

この会社は、4つの銀行と取引していました。ただ、次はここしか貸してくれないと考え、社長が融資を申し込んだのは1行だけでした。

また、融資を申し込む際に、社長は「運転資金を貸してほしい」と言っていました。どういう用途の資金で、それがどう利益に結びつくか、きちんと説明していないのです。

この会社の場合、雑貨の小売店の店舗拡大は比較的に順調にいっています。売上、利益ともに急拡大しているわけではないものの、銀行が融資しないというような状況にはありません。

にもかかわらず、稟議が難航していたのです。

銀行の立場に立ったストーリーづくり

「そういうやり方では、いつまで経ってもお金を借りるのに苦労しますよ」

「どういうやり方でやればいいんでしょうか?」

そこで私たちは、3つの戦法を考えました。

1つは、**取引のある銀行すべてに融資の申し込みをする**こと。そして、**貸してくれる可能性の少ない銀行から順番に交渉していく**こと。仮に融資が重複した場合は、知らん顔して借りておくこと。

2つ目は、**仕入れ資金の金額は、きちんとエビデンスを示して、2840万円というように詳細に示す**こと。その上で「3000万円貸しましょう」というのは、銀行側の判断です。

最後の3つ目は、**その仕入れ資金でどれだけの利益を上げられるのか、計画書と資金繰り表をつくる**こと。

以上の3つです。

「やってみますが、なかなか大変そうですね」

社長はさも面倒な仕事が増えたという顔をしたので、私はこう返しました。

「大変と言ったって、あなたが金主で、お金を貸す立場だったらどうですか？　ただお金が足りないから3000万円ほど貸してくれと言われて、貸しますか？」

「いやあ、貸せませんね」

「そうでしょう。それと同じですよ。銀行の立場に立って、自分を眺めてみることです。そうすると、何が必要か、何が足りないか、よくわかるでしょう?」

銀行が一番心配するのは、貸したお金がいつまでにきちんと返ってくるかということです。

それを計画書で示すことができれば、銀行も安心して「貸してみようか」と考えます。

ですから、**売上も利益も伸びて、今まで借りていたお金もスムーズに返せる**というストーリーを描くことがポイントです。

同時に、今回融資が受けられなかったら、今まで借りたお金をスムーズに返せなくなるかもしれないという**サブストーリーも計画書に盛り込み、数字で比較できるようにすればベスト**です。

私がひととおり説明し終えると、社長は活路が開けたという顔になりました。

銀行員の心を揺さぶる

中小企業の経営者は、仕入れ先や販売先の立場に立って物事を考えることには長けています。

商売は、互いの会社や社長同士の関係性で成り立っていますから、相手がどう考えるか、自分ならどう考えるか、いつも無意識のうちにチェックしています。

ところが、**こと銀行になると、なぜか相手がどう考えるかという視点を欠いてしまいます。**

銀行をそれだけ身近な存在に感じていないのでしょうが、そのままの状態で会社を大きくしていけるかといえば、それはできない相談です。

事業を広げたりするときに、**仕入れ先や販売先に協力を仰ぐように、銀行にも乗せて協力させるようにしなければ交渉は進みません。**

彼らとて人の子ですから、「この社長に貸せば儲かる、貸したい」と思う瞬間は必ずあります。

そのときはバクチと同じで、負けた100万円を取り返そうとしてまた50万円つぎ込む心理になっているのです。

銀行員の心を揺さぶりながら、借入を確保する術を身につけることが大切です。

ココがポイント

・銀行員の立場に立ったストーリーが、資金を引き出す最大のポイント。
・銀行員と良好な関係を構築し、銀行内の内部情報を聞き出す努力も欠かせない。

融資を誘発させる交渉術

融資の申込みは、逆回りで成功

おもしろいもので、融資の申し込みをするときに、たいていの経営者は1つの銀行にしかお願いに行きません。

ある意味、とても行儀がいいわけです。ちゃんと手順を踏んで、もし断られたら次を当たろうと考えているのでしょう。

それに対して、私はこうアドバイスしています。

「付き合いのあるすべての銀行を回って同じことを話し、融資の申し込みをしてください。なおかつ、貸してくれる可能性の低いところから順番に訪問してください」

なぜかというと、**回を重ねるごとにプレゼンが上手くなり、貸してくれる銀行の順番が来たときはもっとうまくなっているからです。**

この方法なら、成功率は断然高くなります。

これを聞いて、心配する社長もたくさんいます。

「万が一、2行から融資のOKが出たら、まずいんじゃないですか。同じ名目で2つから借りたら、返してくれと言われるんじゃないですか」

全然まずいことはありません。

同一案件で複数の融資申し込みをした場合、たしかに保証協会付融資ならバレてしまいます。

ですが、**プロパー融資ならその心配はありません。どの会社にどういう名目でいくら融資をしたかという情報は、そもそも銀行同士で共有していない**のです。

ですから、同一案件で2つ借入しても、当の銀行にはわかりません。

仮に1行から保証協会付融資、もう1行からプロパー融資を引き出すことができ、当初予定の倍の資金が手に入ったとすれば、それはしてやったりの儲けもの以外の何物でもありません。

融資を誘発させるキラーフレーズ

融資のお願いに銀行を訪れると、向こうもいろいろ尋ねてきます。

「よその金融機関は回っていらっしゃいますか。どんな感触です？」

すると、たいていの社長は、これこれこうでしたと正直に答えてしまいます。

たとえば、「いろいろ当たっているんですが」とか、「A銀行に行ったのですが」という具合に。

こういう話の仕方は賢明とは言えません。

私は、**どこの銀行にも次のように言う**ようにとアドバイスしています。

「まずはお宅の銀行に参りました。お宅の銀行は貸していただけるものと考えておりますので、真っ先に伺ったわけです。ダメでしたら、よその銀行にお願いしなければならないと考えておりますが、ぜひ、何とかお宅で借りられるようにしたいと思っております」

物は言いようで、どう受け取るかは銀行の自由です。

ただ、こう言っておけば、よその銀行には行っていないように聞こえます。「まずは」とか「真っ先に」と言っても、「お宅だけですよ」という意味にはならないからです。

なぜ銀行にこのような「心ない誠意」を見せる必要があるのかといえば、**銀行はなかなか満額融資をしてくれない**からです。

たとえば、5000万円申し込んでも、3000万円に削られます。

結果が出てから、「融資は下りたけど、削られた」と慌てて走り回るようではいけません。経営者は、**削られるということを前提に、先回りして資金の手当てをする必要がある**のです。経営者は、いつも万が一のことを考えて行動すべきです。

だから、嘘も方便、虚々実々、「まずはお宅に来ました」と深々と頭を下げて、すべての取引銀行と交渉を始めます。それが、融資を誘発させる交渉術です。

「この借入金はどうしたんですか？」と聞かれたときの回答例

さて、複数の銀行から融資を引き出すことができた場合、銀行にその事実が絶対にバレないとは限りません。

決算書と一緒に提出する損益計算書、貸借対照表を見れば、銀行も会社の借入が増えていると気づきます。

何かの折に、「この借入金はどうしたんですか？」と尋ねてくることもあるでしょう。

しかし、そのときはそのときです。

「いやあ、向こうが借りてくれ借りてくれと熱心に来るものですから、お付き合いもあることですし、借りることにしたんですよ」

そういう話をしておけば、済んでしまいます。

銀行は、**その会社への総貸出がどうなっているかという点をあまり問題にしません。**

なぜなら、銀行にとっては、自分たちの貸し出しの実績こそが問題だからです。
「うちの分はちゃんと返してくださいね」と嫌みの1つくらい言うかもしれませんが、「話が違いますね。バッティングしていたんじゃないですか」とは言ってきません。

ココがポイント

- 融資を誘発させるキラーフレーズを頭にしっかり叩き込んでおく。
- 複数の銀行に同時交渉する。
- 銀行交渉の順番、交渉の仕方次第で、融資は伸びる。

できる社長のリスケ戦略交渉術

繰り延べされた猶予を使って、どんな手を打っているか？

現在、中小企業で債務のリスケをしている会社は、ざっと見積もって40万社から50万社あります。

特に２００９年にモラトリアム法が施行されて以降、**中小企業の経営者はリスケを安易に考えるようになってしまいました。**経営がしんどいと「銀行にリスケの相談をしてみようか」と考える経営者が未だに増えています。

債務のリスケは、銀行との交渉によってさまざまです。

たとえば、毎月の金利の支払いが30万円、返済が50万円という場合、返済の50万円を25万円にするとか20万円にするなどして、それに合わせて返済期間を繰り延べます。

仮に返済を毎月20万円にリスケした場合、金利の支払いはそのままだとしても、資金繰りはリスケ前と比べて月々30万円楽になります。資金繰りが楽になることが、リスケのメリットです。

一方、**リスケには当然デメリットもあります。**

それは何かといえば、**新規の融資を受けられなくなる**ことです。

私が見る限り、経営者の多くは、資金繰りを一時的に楽にしたいという安易な発想でリスケを行なっています。

すると、そのうちに**リスケした資金繰りが当たり前の状態**になってしまい、会社はいつまで経っても改善されていきません。**繰り延べされた猶予を使って、手を打っていかなければならない**わけですが、何もできていないわけです。

リスケには戦略的な交渉が必要です。それには大きく3つのポイントがあります。

【戦略1】リスケの前に、融資を申し込む

銀行にリスケをお願いする場合は、**ただお願いするのではなく、会社の将来をしっかり考えて戦略的に実行する**必要があります。

そのための第一歩は、**銀行にリスケを申し込むのではなく、まずは融資を申し込む**ことです。

会社を立て直すために、これだけ資金がかかる。このような事業の改善計画を立てており、実行すれば、いついつまでに収益性が回復し、利益が上がる。**計画書と資金繰り表を基に、銀行に掛け合う**わけです。

もちろん、会社がそれだけしんどいのですから、銀行は断ってきます。断られたら、お金を回すためにはリスケしか手段がなくなります。

この点を理由に、相手の弱点を突いていきます。

「お宅がお金を貸してくれなければ、こちらはリスケしかできなくなりますよ」

そういう理屈で申し込むのです。

リスケは、最初にこちらから「リスケしてください」とお願いすることではありません。**相手に「新規融資はできませんが、リスケなら応じましょう」と言わせる**ことが大切です。

そうしておかなければ、銀行は、「追加担保を出せ」とか、「金利を上げろ」とか、「保証人をもう一人立てろ」とか、付帯事項を付けてくることがあります。断る勇気と交渉力を身につけることです。

【戦略2】返済額をゼロにしてもらう

次は、**リスケの返済額をどう考え、どう交渉するか**です。

たとえば、毎月の返済50万円に回せるお金が25万円しかないとします。

そのとき、真面目で誠意ある社長は、「毎月の返済額を半分の25万円にしていただけると、資金繰りはギリギリ回ります。ですから、25万円に減額してください」と正直に言います。

しかし、**資金繰りがギリギリ回る状態に会社を持っていったとしても、リスケに何**

の効果を期待できるというのでしょう。

私なら、こう交渉します。

「毎月返済している50万円を、ゼロにしていただきたい。ゼロにしないと、お金が回っていきません」

当然、「25万円余裕があるじゃないか」と突っ込まれるかもしれません。

しかし、私は心ない誠意しか持たない社長ですから、**「どうしてもできない」というエビデンスを用意して、銀行を納得させます。**

なぜかといえば、**ギリギリの資金繰りで回しても、会社は良くなっていくはずがない**からです。事業を改善したり改革したりしようとすれば、必ず余分なお金がかかります。新規の借入がもうできなくなるわけですから、**その余分なお金を捻出できるようリスケを要求しなければ嘘**でしょう。

ですから、銀行にも強い態度で臨みます。

このとき、上から目線で言ってはいけません。本来なら払うべきものを払わないのだから、お願いする姿勢を粘り強く貫いてください。

【戦略3】リスケ後の余分な資金をプールしておく

戦略の最後は、**リスケをしても会社をちゃんと立て直せなかったときのことを考えておく**ことです。

銀行が応じるリスケは3回、期間は通算で3年間というのが通り相場です。半年ごとにリスケする場合もありますから、そのときは6回、3年間ということになるでしょう。いずれにせよ、**猶予は3年しかない**と覚悟しておかなくてはなりません。

リスケに次ぐリスケをしても、借入が多くて会社がうまい方向に転がっていかない場合はよくあります。となると、第二会社をつくって再生しなければならないかもしれないわけです。

ですから、そのための**余分の資金をちゃんとプールしておく**ことも、私はリスケをするときに非常に大切なアイデアの1つだと思います。

そのためにも、先の例のように「**毎月25万円に減額してもらえば何とかなる**」**という発想は、絶対に捨てなければいけません。**

「心ある誠意」を見せていると、死活にかかわります。

資金をプールできる状態にし、実際にプールしておかなければ、策は何も打てなくなります。戦うには、必ず兵糧米が必要です。

銀行のペースで、リスケをやってはいけない

リスケによって返済を猶予してもらうことは、こちらにばかり都合のいいことではありません。**リスケで生じた延命の期間は、銀行もそれなりの準備に充てる猶予期間だと考えています。**

というのも、銀行はリスケしている間に取るものを取り、押さえるものを押さえていきます。そして、もう取れるものはないとなったときに、「貸倒引当金も十分積んでいることだし、社長さん、もう潰れていいですよ」と刺しに来ます。

つまり、**「もうリスケに応じられない」と言ってくる**わけです。

そのときになって、「話が違う」といくら訴えたところで、「いや、それは本部がそう判断したことですから。支店としてはがんばったんですが、もうどうにもできない

んです」と押し切られてしまいます。

月々25万円返済していた心ある誠意の社長は、「次から50万円の返済額に戻す」と言われて、にっちもさっちもいかなくなります。一巻の終わりです。

銀行のペースでリスケをやると、そういうことが待っています。

自分のペースで戦略的にやらない限り、会社を復活させるも、自らが生き延びることもできないのです。

ココがポイント

・銀行のペースではなく、自分のペースでリスケをする。
・自分のペースに持ち込むための戦略的なリスケ交渉には、3つのポイントがある。
・銀行員と交渉する中で、銀行の意に沿わないことがあると、彼らは焦って本音がポロリと口を突いて出ることがある。聞き逃さないこと。

再生は、守るものを守ってから始める

正しい方法、正しい順番が決め手

会社の改革や改善もそうですが、事業の再生も、**正しい方法を正しい順番で実行し**ていかない限り成功しません。

事業再生の正しい順番とは、**最初に自分の資産を守ることをやり、それから次の段階に進む**ことです。そういうことを何もしないまま、ただマニュアルに書いてあるとおりに進めている再生会社なり、社長なりが多すぎるように思います。

結局は、**一番守らなくてはいけないものを守っていないため、後でひどい目に遭う**わけです。返り血を浴びて、自らも無傷では済まなくなるのです。

私のところを訪れる相談者の中には、「再生コンサルタントに依頼したが、うまくいかなかった」と言う人がいます。

詳しく相談を受ける中で、私が「やはりな」と感じるのは、いずれのケースも正しい方法を正しい順番で行なっていない点です。

正しい順番で行なうことのできない経営者は、実は守るべきものが何かということもわかっていない場合が多い傾向にあります。

たとえば、私が相談を持ちかけられたある経営者は、**銀行を欺き、取引先を騙し、とにかく自分が生き延びて資産だけを残そう**としていました。

私は「そんなことをしていると、何も守れなくなりますよ」といろいろアドバイスしました。ですが、その経営者は自分が聞きたいことだけを聞き、私の話はほとんど聞いていないようでした。

結局のところ、その経営者は私の言ったとおり、**差し押さえや競売にかけられ、追い詰められ、資産を全部失いました**。

守るべきものを守るときにも、正しい方法と正しい順番があります。それがわからなければ、守れるものも守れなくなります。

銀行を恐れない会社と個人になる

私自身も、自力再生の最終段階で、債権の一番多い銀行とバトルをしました。

事業再生では、銀行との対決の瞬間が必ずやってきます。

その前に、**銀行が手を出せないよう、会社の資産を守っておかなければなりません。**

どうするかといえば、後に述べる**ステルス方式の第二会社に会社の資産と事業を移してしまう**わけです。私も、一定の時間をかけながら、ひそかに粛々《しゅくしゅく》とこれを実行しました。

また、社長は個人保証を背負っていますから、このときに自宅などの個人の財産を持っていれば、全部取られてしまいます。

ですから、私も**私個人に資産がない状態**にしてしまいました。

だから、もう取られるものは何もない。裸一貫です。そういう状態をつくるために、人一倍苦心しました。

たとえば、**経営者が自宅を妻の名義にするにも、やるべき方法**があります。

物件が担保に入っていれば、身内にそれを売ることはできませんから、**第三者に売る手があります。そうしておいて、妻か子供がきちんとお金を払って買い戻す**のです。

もっともこの場合は、**妻か子供がローンを組めるようになっていなければなりません**から、**妻か子供に給与を支給**して、ローンを組める状態にしておく。

そこまで考えた上でスキームを立てなければなりません。

また、**婚姻20年以上の場合には2000万円まで無税で贈与できます**から、それを活用して分与する手もあります。

自宅の名義変更には、お金の移動があり、売買契約があります。

また、**贈与をきちんと行なっている。**さらには、**贈与税を納めている。**

そういう形をしっかりとつくっておく必要があります。単に書面上の名義だけを妻に書き換えたというのでは通らないわけです。

担保に入っていない不動産も、名義を替えるだけではダメです。

たとえば、娘のものにしたいというなら、第三者に売って娘に買い戻させるか、娘に贈与して贈与税を納めさせる。それなしには、誰が見ても所有権が移動しているということにはなりません。

不動産を第三者に売って買い戻させる場合も、たとえば3000万円で売って、半年後に3000万円プラスαで買い戻します。

プラスαとは、買い取ってもらう相手にかかる金利負担、不動産取得税、登記代、固定資産税、保険などの保持費用を考慮してのことです。

同様に買い戻すときも、不動産取得税や登記代など、取得に伴ってかかる費用が発生します。

そうした書類をすべて整えておき、銀行に手出しされない状態にしておくのです。

やるべき手間と費用を惜しむと、後々、取り返しがつかなくなる

これらのことは、すべて正当な方法でやっていかなければなりません。

もちろん、手間も費用もかかります。

ところが、たいていの経営者はそういうことを理解していません。わかっていたとしても、「もったいない」と省いてしまいます。

よくある失敗は、誰かに頼んで、担保のついていない所有不動産に担保をつけさせることです。

たとえば、5000万円の物件に8000万円の担保をつけさせ、相手からお金を借りたことにしておくわけです。「そうすれば、銀行はその不動産に手を出せませんよ」と、誰かが入れ知恵したのでしょう。

これは、昔ブローカーがよくやっていた手です。

しかし、今はもうまったく通用しません。

「8000万円借りた証拠を見せてください」と言われたときに、借用書を出すことはできたとしても、「そのお金の流れはどうなっているんですか？」と細部にどんどん突っ込まれていきます。すると、もう手の打ちようがなくなり、必ず偽装がバレてしまいます。

そういうことも知らないで、事業再生を指導する再生会社やコンサルタントがいるわけです。

お金がもったいないからといって、やるべきことを省略した詐欺行為的なことをすると、後々必ず問題が生じます。

そういう費用を必要経費だと思えない経営者は、みんなそれが仇となって復活できていません。これは、とても残念なことです。

開き直られると、銀行は困る

さて、**銀行との最後のバトル**も、もちろん簡単にはいきません。

私の場合は、銀行の本店に呼び出され、30畳くらいのがらんとした大きな部屋に通されました。そこで部長をはじめとする10人に取り囲まれ、次のように言われました。

「三條君、がんばっているようだね。他の銀行の処理は終わったそうじゃないか。たいしたものだ。その長期資金は、うちで貸してあげよう。しかし、うちの債権は処理せずに長期で払ってくれ」

部長の手元にその計画書がありました。一人がそれを手に取ると、私の前に差し出しました。

私としては、喉から手が出るほど借入はしたい。しかし、一番大きな債権がそのまま残れば、私の人生は銀行に借金を返すだけの人生に終わる――。

実は、私はそれまでにも、さまざまな事例を見ていました。

この銀行から再生プランを提示され、渡りに船と受け入れた社長も知っています。ところが、その社長は数年後に会社から解任されてしまいました。追い出され、今は個人保証だけを背負わされています。その会社がどうなったかといえば、今ではすっかり銀行の天下り先に変わってしまいました。

「ああ、うちの会社もそうなるんだな」と、ふとその社長の顔が頭をよぎりました。

私は、返事をしました。

「部長のおっしゃるとおりにさせていただきます。ただし、1つだけ条件があります。私は、経営者として責任を感じております。部長が作成した再生プランですから、部長をわが社の社長にお迎えしたいと思います。私と同様に個人保証をしていただき、ご指導、ご鞭撻を仰ぎたいと思います」

私が深々と頭を下げると、部長は唖然《あぜん》としたようでした。そのまま返事をせずに、10人は部屋の隅に固まって議論を始めました。

私としては、**部長が作ったプランなのだから、本人も責任を持ってくれ**と考えたわけです。

「部長が個人保証を背負えるほど自信があるなら、こっちもプランを受け入れる覚悟をするよ」ということです。

もちろん、ありえない話ですから、事実上の拒否。しかも猛烈な拒否でした。しばらくすると、「三條君、今日はもういいよ」と部長の声がして、私は部屋から追い出されました。

その2週間後に、この一番大きな債権はサービサーに売却されました。私の完全復活の道がようやく開けた瞬間でした。

事業再生では、銀行を恐れない自分になることほど重要なものはありません。

正しい方法を正しい順番で実行し、正当なやり方で資産を守り、正当なやり方で債権放棄へと交渉を進めていけば、その過程で銀行を恐れない自分というものが必ず練り上げられていきます。

ですから、最後のバトルのときは、すでに「何があっても大丈夫」という自分自身になっているのです。

ココがポイント

・正しい方法を正しい順番で実行し、正当なやり方で資産を守り、正当なやり方で債権放棄へと交渉を進める。
・やるべき手間と費用を惜しんではいけない。
・銀行員は、攻めるときは非常に強いが、開き直られるととても弱くなる。

間違いだらけのサービサーの対処法

サービサーの回収目標や回収額は、債務者の懐次第で決まる!?

サービサー処理とは、銀行が不良債権をサービサーに譲渡し、銀行の資本から切り離す処理のことを言います。ご存じのように、サービサーとは国の認可を受けた債権回収業者です。彼らは、銀行から不良債権を買い取り、債務者からはその買い取り価格を上回る金額を回収して業務を成り立たせています。

サービサーがどのくらいの金額を回収するかといえば、**一般に債権額の5%から15%**だと言われています。

つまり、1億円の債権があった場合、「500万円から1500万円払えばチャラにしてあげるよ」ということです。

それにしても、回収するのが5%なのか15%なのかは、ずいぶん大きな違いです。どうしてこんなに幅があるのかといえば、**サービサーは、債務者の懐次第で回収目標や回収額を考える**からです。

たとえば、まだ会社が存続していて、社長の地位にもいる、給料の振り込みもある。そういう状態なら、サービサーはできるだけ多く回収しようと考えます。

仮に、会社がどんどん元気を回復しているような状況であれば、さらに取れると考えるはずです。逆に、会社が潰れ、元社長に払うものがなく、お金をつくる当てもないというときは、回収目標をぐっと引き下げてきます。

つまり、**いくら支払えば債権がチャラになるのかという答えは、サービサーの事情ではなく、債務者の事情が決めている**ということです。

サービサーへの返済に懸命になってはいけない

ところが、「サービサーに債権が移ったら、がんばって返さないといけない」と必死になっている社長は、意外なほどたくさんいます。

がんばって、より多く返そうとしているわけです。

そのため、たとえば1億円の債務に対して、月々30万円、50回払いというレベルの支払いを続ける社長が少なくありません。

お金を貸してくれた銀行に対しては債権を放棄させるところまで戦ったのに、サービサーにはいいところを見せようとしているのです。

1億円を返済することに比べたら天国だと思うかもしれませんが、それは、本人にとってではなく、サービサーにとっての天国ではないかと思います。

月々30万円のお金を有効に使えるならば、再生はもっとうまく進みます。新しい事業の準備にも充てられるはずです。

それを我慢して**相変わらず返済に懸命になるとすれば、何のためのサービサー処理**

かわからなくなります。

サービサーが債権を銀行からいくらで買っているか、ご存じでしょうか？

もちろんこれは秘密とされ、明かされることはありません。

ただ、銀行にとっては回収不能の不良債権ですから、価値はほとんどなく、実際のところわかりませんが、**譲渡価格は債権額の3％前後だろうと言われています。**

1億円の債権なら、300万円です。だから10％の回収額でも大きな利益を生み、サービサー業務が成り立っているわけです。

私は、3％を下回る譲渡価格の債権もたくさんあるはずだと考えています。

とすれば、きわめて少ない支払額で債権をチャラにして、早く再起して、日本経済に貢献できるようにしてほしいものです。

できる社長のサービサー対処法

サービサーに債権を売却された経営者の多くは、ハラハラドキドキで私のところに相談にお見えになります。たいていの経営者は、もう取られるものは何もないのに、気持ち的に参ってしまっているわけです。

「取られるものがない人ほど強いものはありませんよ。だから、もう安心してお過ごしいただいていいんです」

私は、サービサー処理とはどういうものか、今後をどうすればいいか、ゆっくりと説明します。すると、来たときの悲壮感漂う顔がだんだん和やかになり、帰るときはもうニコニコ顔で平静を取り戻しています。

サービサーの考えていること、しようとすることがわかっていれば、怖いことは何もありません。

では、サービサーにどう対応するべきか？

私なら、**収入はない、財産もない、会社があってもお金は入ってこないという、ボロボロの状況をつくりだします。**

サービサーには、**自己破産するかもしれないから、今のうちに取っておこうと考えさせ、安い金額で一括処理して終わらせるように持っていく**わけです。

私がサービサーと交渉したときは、最初こんな感じでした。

「もうちょっと会社も動いていないので、今、収入はゼロなんです」

「どうしようとお考えなんですか」

「いや、嫁さんにも愛想つかされて家から出てけと言われてまして、なんとか知り合いの社長にアルバイトみたいなことをさせてもらって食いつないでいるんです。ですから、返済しようにもその原資になるものがどこにもない状態でして」

私は、着古した普段着に身を包み、腕時計も外していました。

「なるほど。こちらは3年払いで月々30万円返していただこうと考えているんですが」

「払いたいのは山々なんです。ご迷惑をかけていることもよくわかっています。払えるものなら払いたい。そう思っているんです」

「毎月30万円でいいんですよ。そのくらいなら、つくれないことないでしょう?」

「本当に払いたいのは山々なんです。ですが、今の状態だと、もうどうにもなりません。なんとかお宅の分だけでも返したいと、本当に借りてきてでも返したいと思っているんです。どうさせてもらったら、いいでしょう。もしあれでしたら、知り合いの社長に500万円、借金を頼んでみようかとも考えているんですが」

私は、疲れた顔の上に、ひきつった笑いを浮かべました。演技のつもりでしたが、実際ほとほと疲れてもいました。再生を果たすために、昼夜を分かたず奔走していたからです。

「知り合い？　長いお付き合いですか？」

「今、私が使い走りをさせてもらっているところの社長で、古くからの知り合いです。さんざん迷惑をかけてしまっていますので、うんと言ってくれないかもしれませんが」

担当者は、あらんかぎりの手段を尽くしてほしいと言いました。

「手段を尽くせ」という言葉は、相手が「この男から取るのは難しい」と感じていることの証だと思いました。そこで、次の交渉で、こういう話をしました。

「社長に頼んだところ、500万だけなら貸してやると言うんです。ただ、それ以上はもう無理だ、と。これまでにもずいぶん借りてきて、ほとんど返していないものですから。こんな状況なんですが、どうさせてもらったらよろしいでしょうか？」

私は、落ち着きなくボサボサの髪をかき上げ、飯もろくに食べていないような細い声で言いました。東京への移動は、長距離バスで着きましたと言いましたが、実際は新幹線でした。しかし、新幹線の座席では、担当者との想定問答を繰り返し、どう演技するかばかり考えていました。

「500万円ではねえ。他に貸してくれる当てがあるんじゃないですか。3軒や4軒、ないことはないでしょう?」

「いやあ、もう人様には迷惑のかけっぱなしで、元の仲間はもちろん、親戚も誰も相手にしてくれません。弁護士からも、もう早く破産したほうが楽になるよって、突き放されるような始末でして。結局は、自己破産するしかないんでしょうか?」

「そう悲観する必要はないと思いますが、そんなことでは、こちらも困ってしまう。引き続き努力をしていただくとして、その500万円、社長からいつ借りられるんです? こちらに振り込んでいただくとしたら、いつになりますか?」

どうやら話は、「取れるものを早いうちに取っておく」という方向に進んでいきました。担当者にすれば、私が自己破産して一銭も取れなくなるのは困るのです。

私の場合は、このような煮え切らない交渉を何度か繰り返した末に、最終的に「500万円で終わりにしましょう」ということに決まりました。

彼らも、利益の見込めない案件にいたずらに時間を割くよりも、今取れるものを取って、次の案件に早く取りかかったほうがいいと判断したようです。

サービサーに債権を目いっぱい圧縮させるたった1つのポイント

どう叩いたところで、この男からは何も出ない。

私が、サービサーの債権をほぼゼロと言えるような水準に圧縮できたのは、この点を担当者に納得させたからです。

実際、当時の私は、財産も収入も勤め先も、公式には何もありませんでした。

サービサーに対応するときは、このように**サービサーに債権を目いっぱい圧縮させるための努力を払う**必要があります。

銀行のペースに巻き込まれなかったからこそ、ここまで来ることができたのです。

今さらサービサーのペースに合わせる必要がどこにあるというのでしょうか？

そのためには、一にも二にも**死んだふりをする**こと。それ以外にありません。

もっとも、私がうまく切り抜けたことには、もう1つ秘密があります。

それは、銀行が私に協力してサービサーに売却してくれたことです。たとえば、銀行が事前にサービサーと交渉して、私が買い戻す金額を決めてから売却してくれたり、銀行が私の知り合いのサービサーに売るからと金額を提示してくれたり。

私は、サービサー処理でも銀行にずいぶん救ってもらいました。**長年の銀行への信用が最後に私を生かした**のだと思います。

だから、私は140億円の借金から復活できた。

だから、私は今、経営者に銀行との付き合い方を指導している。

経営で最後に頼りになるのは、銀行です。**銀行から信頼される経営者になることが大切**だと私がいつも言っている真意を、ぜひ汲み取っていただきたいと思います。

ココがポイント

・サービサーに必死に払い続けるほど、もったいないものはない。
・サービサーに債権を目いっぱい圧縮させる努力をする。
・サービサーとの圧縮交渉の最大ポイントは、「死んだふり」をすること。

銀行を納得させる「任意売却」の極意

任売で高く売るより、安い市場価格で売れる状態をつくる

不動産の任意売却（任売）には、テクニックが必要です。

一般的なマニュアルには、「任売は競売に比べて不動産を高く売れる」「高く売れれば残債の支払いも楽になる」といったことが書いてあります。

しかし、**不動産が高く売れて得をするのは、銀行でしかありません。**

銀行が不動産を競売に掛ければほんのわずかしか資金を回収できませんが、任売にすればはるかに多い資金を回収することができます。

だから**銀行は、債務者から「任売したい」と言われても、悪い顔はしません。**

一方、事業再生を目論む債務者からすると、**任売で物件を高く売るメリットは何もありません。**それはそうでしょう。高く売れたからといって、会社の資金にゆとりが生まれる道理もなく、売却で入ったお金も全部、銀行が持っていってしまうからです。

むしろ、**不動産を高く売ることは、デメリットのほうが大きい**と言えます。

というのも、任売で高く売ってしまった不動産は、後で買い戻そうとしても大きな資金を必要とします。**任売を使って会社の資産を守ろうとしても、現実的には絵に描いた餅**で、守れなくなるわけです。

そこで任売では、不動産をわざわざ安く売るための技が必要になります。

あらかじめ、**任売する不動産を安い市場価格で売れる状態にしておき、買い戻す際の資金手当てをやりやすくする**のです。

あえて収益を悪くして、安い価格で売却していいという合意を取る

事業再生では、**会社を支援しようという銀行と、早く処理をしてしまいたい銀行と**

の間でしばしば対立が生じます。

私の場合も、こちらを支援する銀行とこちらと対峙する銀行で、金融機関が二手に分かれる状況が生まれました。対峙する形になったのは、もちろん大手行です。

大手行にはこちらの話が通じず、彼らは債権を勝手に売る可能性がありました。そこで、私は任売を急がなければなりませんでした。

そのために、どうしたか？

収益をどんどん悪くしていきました。

変な話、テナントに暴力団関係者が入っているとか、いわくつきの人が入っているとか、そういう**ネガティブな情報をまずは銀行にどんどん流していきました。**大手行への対抗策として、どうしても必要な措置でした。

もちろん、情報を流しただけでは、入居率や収益などの数字にまったく反映されません。

ですから、数字もそのとおりになるように落としていきます。

私の場合は、すでに触れたように、入居率を落とすためにテナントを追い出しました。テナントを任売しない別のビルに移したり、知り合いのビルを紹介したりして、どんどん入居率を下げていったわけです。そして、入居者募集もうわべだけにして、応募があっても入居させませんでした。

そういう**負の材料を積み上げていくと、「あのビルは何か事情があるよ」となり、市場価格もどんどん下がっていきます。**

私も大手行に対して、「こんな収益性の悪い物件、買い手はなかなかいないですよね」と吹聴し、**安い価格で売却していいという合意**を取り付けたのです。

それはそうでしょう。大手行はそもそも厄介事を嫌いますし、どこまで収益が悪化するか皆目わからないのですから、「早く売らせて、回収しろ」と考えるのは当然です。

そして私は、**第三者に安い値段で任売し、それを後で買い戻すことによって、事業再生を図った**のです。

すべての資産をこの方法で任売したわけではありませんが、緊急の際は、こうした方法をとらなければならない場合も出てくるに違いありません。

私の時代は金融危機で、話し合いの途中に不動産付きでサービサーに債権売却され、痛い目に遭いました。そこでいろいろ学びました。

協力的な銀行は、任売する際にも最低金額を提示してくれました。そして、第二会社に直接売ることも目をつぶってくれました。

「必ず再生して、復活してくれよ」と励ましてくれた銀行員もいました。ありがたいなと心から感謝し、涙が出てきました。

消費税の負担対策も講じる

ただ、当時の私が何もかもうまくやったというわけではありません。

えらく痛い目にも遭いました。**消費税が自己負担**になったことです。

事業用不動産は、任売に消費税がかかります。私は、**銀行がそれを含めて回収してしまう**ことを知らなかったのです。当時はまだ5％の時代でしたが、商業ビルは価格が大きいだけに大変な負担でした。任売する物件はたくさんあったわけですが、売るたびに消費税分が自己負担になり、お金がみるみる消えていきました。

銀行が消費税分まで回収する件については、本来税務署に納めるべきお金（消費税分）を銀行が取るのはおかしいとの指摘もあります。銀行以外は、誰がどう考えてもそのとおりでしょう。

しかし、これはグレーゾーンなのです。法的に、銀行にそれをやめさせる確たる根拠がありません。

ですから、**未だに任売の代金を、消費税分を含めて銀行に回収されることがあります。**銀行は取るものを取って、再生させるつもりはないのでしょう。

今、8％の消費税分を銀行に回収されるだけでもひどい話だと思いますが、これが10％になったら、商業不動産や本社ビルを持っている人は、誰もありきたりの方法では買い戻せなくなります。

任売ではその対策も、あらかじめ講じておかなければならないということです。

ココがポイント

- あえて収益を悪くして、安い価格で売却していいという合意を取って、第三者に売り、後で買い戻す。
- 任売では、消費税についても対策を講じておく。

第二会社方式は、「ステルス方式」で実施する

今の第二会社方式は、現実味がない

いわゆる第二会社方式で会社分割、事業譲渡を行なう場合は、すでに述べたようにすべての銀行の合意を必要とします。

仮に銀行が「前向きに検討しましょう」と言ってくれたとしても、第二会社に持っていく借金の金額は、それぞれの取引銀行との話し合いで決まります。

第二会社に移す借金の額をどうするか、合意の取り付けは生やさしくありません。

たとえば10億円の借金があった場合に、社長本人はどんなにがんばったところで3億円残すのが精いっぱいだと考えていても、「いやいや、5億円の債権債務を移さな

ければ合意できませんよ」と銀行に突っぱねられれば、それまでのことです。

結局は、コストもかかり、5億円の借金も残って、第二会社の経営も巡航速度に戻っていかないといったことはよく起こります。

第二会社方式がうまくいくかどうかは、銀行がどこまで「あなたの会社のために喜んで損をします、お助けします」と言ってくれるかどうかにかかっています。

私は、銀行がそういうことを言う場面を見たことがありません。技術力や開発力に優れた中堅企業ならいざ知らず、いわゆる中小企業に期待できるような言葉ではありません。

今の中小企業に対する制度はハードルが高く、**中堅のいい会社は助けても、それ以下の大多数の中小企業は潰されてしまいます。**

国が勧めている第二会社方式は、会社分割と事業譲渡をオープンにしてやる方法です。

そのため、現実的に中小企業には不可能な点も出てきます。

ざっとその要因を挙げれば、次の3つです。

①スピード感を持って実行しなければならないが、自分のペースでできない。

②詳細にデューデリジェンスしなければならず、そうなると、中小企業の多くは、銀行には言っていない不良な部分を公表しなくてはならなくなる。多くの中小企業は銀行に黙っていたことをあからさまにされることを嫌う。

③すでに余裕のない状態に陥っているため、資金的にもたない。資金繰りが苦しい状況なのに、悠長なことはしていられない。時間との戦いになる。

第二会社の新しいつくり方

それに対して、**「ステルス方式の第二会社」**という方法があります。

私が実践し、成功を収めた方式です。

これは、現在知られている会社分割や事業譲渡とは、考え方がまったく違います。

現在知られている、オープンにしてやる方法は、再生会社の利益を最小化し、銀行の利益を最大化するための方法です。

そもそもが銀行主導のスキームなのですから、それは当然です。

それに対して、ここでお伝えする**ステルス方式は、銀行の利益を最小化し、再生会社の利益を最大化するための方法**です。銀行に生殺しにされないようにする戦法です。

とはいえ、たかが一中小企業が銀行という金融知識と法律知識の塊に戦いを挑むことになりますから、**中途半端な知識とノウハウでは勝ち取ることができません**。

当時の私は初め、オープンにして行なう第二会社方式を検討していました。

しかし、リサーチをするにつれ、それはあまりにも銀行に都合のいい方法だと、だんだん腹が立ってきました。

現実的に無理な状況であることもわかってきました。

私の会社には取引銀行が11行もあるばかりか、折悪しく金融危機が起こっていました。その状況で、すべての銀行から合意を取り付けられるはずがありません。

毎日、寝ても覚めても生き残り策を考える中で、私はステルス方式を思いつきました。全体像を描き、細部に隠れた問題を1つひとつ解き、どうすればこのスキームが成立するか検討を重ねていきました。

できなければ何もかも失うことになりますから、それはもう必死でした。

ステルス方式を逐一解説するには、いくらあっても紙幅が足りません。ですが、イメージだけは伝えることができます。

たとえば、**銀行にはわからない間に、事業が第二会社のほうに移っている**というものです。

第二会社といっても、私の会社とは資本関係がなく、社長も株主も本店登記も違います。そこに、いつの間にか、見えない形で事業が移り、お金が移り、資産が移り、取引先も移っていく。そういう方式です。

いわば隠密作戦ですが、これならすべての銀行と合意する必要はなく、しかも法に触れるところもありません。

もちろん、もし銀行がこの隠密作戦の全貌を知っていれば、彼らも黙って納得してはいなかったでしょう。しかし、銀行にバレることはないのです。黙って支援してくれた銀行も半分ほどあります。

たとえば、事業が移っているといっても、そこには譲渡契約書があり、お金もちゃんと決済され、消費税も納めています。**どこからどう見ても、それは正当な商取引**です。

また、**人的なつながりについても、代表者や株主以外は問題にはなりません。**

ステルス方式の第二会社に事業を移す間に、私は**個人資産も、できるものはすべて自分の持ち物ではない状態にしていきました。**

そうやってすべて準備を整えた上で、最後に「借金はもう返すことができません」と開き直ったわけです。

私が成功したのは、**半分以上の取引銀行が支援側に回り、わかっていながら目をつむってくれた**からです。

やはり**日頃の銀行との付き合い方が最後にはものを言います。**

私は、こうした事業再生のウルトラCで安直にみなさんの歓心を買うつもりはありません。**支援側に回ってくれた銀行との信頼関係のおかげで、復活の道が開けた**という、私が体験した事実を知っていただきたいのです。

社長としてではなく、個人として生き残れる

もぬけの殻になった私の会社は、こうして清算を迎えました。

しかし、私の個人保証は、当然残っています。プロパー融資については、サービサー処理することができますが、保証協会付融資については、すでに述べたように、債権の圧縮処理をしてもらえません。個人保証もそのままの形で残ってしまいます。

会社が破たんした場合に、保証協会付融資の個人保証がいつまでも尾を引くことを知っていた私は、その分の資金を残しておいて全額支払ってしまいました。つまり、保証協会に残った借入は、サービサー処理ができないのを事前に知っていたので、その分の資金を用意しておき、すべての債権を処理することができたのです。

多くの中小企業の借入は、ほとんどが保証協会付融資でしょうから、準備していないと、私のように全額を支払うことは難しいかもしれません。もし支払えなければ、毎月5000円とか1万円という返済を続けさせられ、死ぬまで債務と縁が切れません。

私が口を酸っぱくして、「信用保証協会制度がある限り、中小企業は復活できない」と言い続けているのは、それが経営者を永遠に債務の奴隷として縛りつける制度だからです。

もう商売をしないときが来たなら、「自己破産」という最後の手段を取るときかもしれません。

名を捨てて実を取る方法もあります。

自己破産すれば、社長として経営の表舞台に立つことはできなくなるかもしれません。しかし、**事業が残り、会社が残り、取引先が残り、個人資産が残っています。**そのときは、影の支配者として、すでに新会社を切り盛りしています。

このようなことをしなくてはならない保証協会制度は、才能がある経営者の活躍の場を狭めています。日本経済にとっても、大きな損失です。早期に再チャレンジできる社会になってほしいと願っています。

ココがポイント

- 今の第二会社方式では、現実的に成功できない。
- ステルス方式で第二会社に事業を移す。
- ステルス方式で成功するためにも、日頃の銀行との付き合いを円滑にする。

コラム

三條メソッドで、「会社のお金」問題を解決した経営者

大手に裏切られて、リスケから復活した会社

――製造販売業・関西地方

関西で婦人靴の製造販売をしている経営者が、私のところに相談に見えました。
この会社は、元はといえば木型の製造から出発しており、婦人靴の製造に進出してからも、そのクオリティの高さには定評がありました。よく言われることですが、靴の履き心地で、木型ほどものを言うものはありません。

この会社は、大手流通会社を大口取引先にして順調に売上を伸ばしていましたが、数年前ににわかに異変が起こりました。

というのは、婦人靴の販売が軌道に乗ったと見た大手流通会社が、自前の製品に品替えするとして、契約打ち切りを通告してきたのです。

大手流通会社では、取引先をとっかえひっかえすることはよく起こります。しかし、そういうリスクを知らずに、大口取引先の要求のままに生産を拡大する中小企業は少なくありません。

この会社の場合も、いきなり契約を打ち切られたわけですから、そのとき走った激震の大きさは想像するに余りあります。

言うまでもなく、売上は半減することになり、会社は傾きかけました。

経営者のひたむきさと粘り強さで、売上をわずかずつ回復させていったものの、契約解除で被った負債がのしかかり、リスケ状態から脱することができなくなっていました。いわば、地を這うような状態です。

初めてお会いしたとき、私はこの経営者に、「何が何でも会社を復活させたい」という強い意志を感じました。話を聞くにつれ、非常に真面目で真摯な人柄であることも伝わってきました。「この人物なら、必ず会社を立て直せる」と、私は確信しました。

木型という貴重な情報資産を持ち、評判のいい婦人靴を製造できるわけですから、リスケ状態から脱出することさえできれば、会社の将来は明るいと考えました。

そこで私は、銀行が決算書のどこを見て、何を気にするのか、この経営者に１つひとつ指導をすることから始めました。

経営者は、わからないことがあれば必ず私に質問し、何事も自分勝手に判断して処理することをせず、１つひとつ丁寧に確認して事を進めましたから、間違った方向には行きませんでした。

一見、遠い問題から取り組み始めたように思うかもしれませんが、そうではありません。

本文でも繰り返し示唆しているように、銀行融資を引き出すためのあらゆる手段の入り口は「決算書」にあるからです。

この会社ではありませんが、よく見かける決算書に次のような事例があります。

たとえば、前期の決算書に「売掛金　A社　３０００万円」と記載され、今期の決算書にも「売掛金　A社　３０００万円」と同じ記載がなされている場合をよく見かけます。この会社の決算書にも、銀行から評価を落とす処理方法が数カ所存在していました。

これを、銀行はどう評価するか？

彼らはひと目で「不良債権があるな」と認識します。「回収不能の債権がこんなにあるのか。これはやばいな」と感じるわけです。

ところが、前期と今期で決算書に同じA社の売掛金が残っている場合でも、前期が3000万円、今期が2500万円であれば、評価はまったく違ったものになります。彼らは、「回収を進めているんだな」と考え、不良債権という判断はしないのです。

税理士の多くは、銀行がどう見ているかを知らずに処理をしてしまいます。だから、前期の「売掛金　A社　3000万円」という内容を今期の決算書にも当たり前のように載せてしまいます。お金を貸す立場に身を置いたことがないから、このような処理をして平然としているわけです。

私たちは、決算書を見る銀行が何をどう考えるかという点を事細かく検討し、1つひとつ改善していきました。

たとえば、A社に前期と同じ金額の売掛金が残っていた場合、その2割から3割を「その他」の項目に移してしまうやり方をとりました。

私は、「このくらいのことに協力しない税理士はクビにしろ」と講演でもよく言っています。

顧問料は誰からもらっているのかということです。

顧問先からもらっているわけですから、その会社を守るためにどうしていけばいいかを考えないで、会計処理されてしまうと本末転倒です。苦しいときにどう乗り越えるサポートをするかです。利益が出ているし、明るい将来が描けるなら、大型エンジンに取り換え、急スピードで苦難の険しい山を乗り越えさせるのも必要です。経営者が真摯に努力しなければ、その必要もないですが……。

復活するための一時期というのは、厚化粧をして見栄えをよく見せる努力をしないといけません。利益の出ない会社に復活のチャンスが回って来ないのは当たり前の話で、利益体質の会社にすることが一番大切です。銀行から見て問題視される事項をどうやって早く改善するかを考えていくのです。

決算上で銀行が目を光らせている部分を改善し、銀行が喜ぶような決算書に粉飾ではなく、作為的に持っていくうちに、この会社は売上も急回復させていきました。下請けの立場から脱却して、自社ブランドの販売拡大を図ったことが功を奏しました。

その他にもいろいろ手を尽くした結果、メイン銀行は、この経営者の愚直な努力による売上と利益の拡大を評価してくれました。メイン銀行が、他行の債権を肩代わりするスキームを前向きに検討してくれるようになったのです。

いくら業績が良くなったとはいえ、このようなスキームを受け入れてくれる銀行は、ふつうはありません。銀行員はみな、そのようなややこしい話に首を突っ込みたくないと考えています。

ところが、このケースでは違いました。将来の頭取候補の一人である支店長が話を聞いてくれたからです。こちらもさまざまに下準備を行なってはいましたが、最終的には、銀行が不可解に思っていた部分を早めに処理したことで、支店長を動かしました。

将来を嘱望される支店長の裁量によって、他行債権の肩代わりは実現し、この経営者は、晴れてリスケ状態から会社を復活させました。

しかも、今やこの会社は、毎年の年末に支店長が直々に会社を訪れる「支店長銘柄」です。支店長銘柄とは、支店が融資する企業の中で数えるほどしかない、将来を期待される優良企業群のことです。今やこの会社は、その一角に加えられているのです。

それを機に、私がご紹介した銀行からも融資の話が舞い込むようになりました。会社の将来に期待を持ってくれる銀行は、その後も跡を絶ちません。

私はいつも思いますが、会社が良くなるのも悪くなるのも、経営者次第です。何よりもこの経営者は、銀行が会社の何を見て、何を気にするかという私の指摘を一つひとつ聞き漏らさず、一途にその改善に取り組んでくれました。

そのような会社だから、いい話がどんどん舞い込むのだと、私はつくづく感心しています。

おわりに——経営者の精神力がすべてを決める

経営改善や事業再生のお手伝いをするようになってから、私は以前にも増して、たくさんの経営者と知り合うようになりました。

そういう中で私がつくづく感じたのは、会社を良くするのも悪くするのも、やはり社長の人物にかかっているという点です。

私がこれまでお手伝いして成功した経営者には次のような共通点があります。

第一に、報連相ができる人。言われたことを迅速《じんそく》にやる人。決断力の早い人。そして、世の中は何事もすんなりと思いどおりいきませんが、トラブったときに心がなえない人。まわりから信頼されている人。

そういう人物でした。

それぞれに濃淡はあっても、これらの条件を併せ持つ社長は、みなさん大変な苦境をはね除けたばかりか、ものの見事に復活を遂げています。

中でも、まわりから信頼されている人というのは強いです。経営がしんどくなっているにもかかわらず、社員から信頼され、取引先から信頼され、銀行からも信頼されています。

銀行に信頼されていると、銀行が目をつぶってくれるというものがあります。

こちらが何をしているかうすうす気づいていても、目こぼしをしてくれるのです。

私もそうでしたが、銀行に積み重ねた信用がある人というのは、再生も復活もしやすいのです。

そういう意味で、まわりから得ている信頼、信用はとても重要です。

さらに強いのは、強い意志を持ち続けられる人です。

厳しい状況に身を置き続けることがどれほどつらいことかは、今さら説明するまでもありません。そのつらさに負けて、うまくいくのに挫《くじ》けて失敗する社長もいます。耐えられなくなって自滅する社長もいます。

その一方で、打たれても打たれても、へこたれない社長もいます。平気でいられる状況でないことはわかりきっていますが、そんな様子はどこにも見せません。

社長の精神力、最後はこの一点にかかってきます。

私は精神主義を信用していませんが、こと中小企業経営に関する限り、精神力が通用する世界、虚仮《こけ》の一念岩をも通す世界があるのだということを確信するようになりました。社長の胆力と言ってもいいでしょう。

私が一番つらいのは、周囲から厚い信頼を集めているのに、精神的にもろい社長が挫けていく姿です。

経営が土壇場に追い詰められれば、こんなことは初めての経験ですから、誰しもたいへんな恐怖心を抱きます。

「最悪のときは、こういう方法で、こういうふうにしようということは、もう決めたんだから、どーんと構えなければ、どーんと。あなたが今さらうろたえてどうなるんだ」

懸命に元気づけようとしても、不安に勝てないわけです。いや、不安に勝つ必要などないのだから、せめて表面だけでも泰然自若としている必要があるわけです。

そうしなければ、社員もうろたえます。

銀行もそれを見て、不安になるに決まっています。

私としては、社長たるもの、主演男優賞を獲れるくらいの演技をしてほしいわけです。

せめて社長だけでも、黒を白と思い込んでいるように見せなければいけません。

そうしなければ、誰がついてくるというのでしょう。

それができる人は、やはり成功します。これは、演技に演技を重ね、銀行にサービサーに、ずいぶんとかました私の経験からも言えることですから、間違いはありません。

残念なことに、せっかく顧問先にしていただいたのに、私に報告も相談もなく勝手に物事を進める社長もいらっしゃいます。

私は、私に報連相ができないということは、きっと、まわりにもしていないんだろうなと想像します。

まわりにしていないということは、社員もそれができていないでしょう。社長がちゃんと報連相をする人だったら、社員にもそれができているはずだからです。

ということは、その社長は、社員から報連相が来なくても平気な顔をしているに違いありません。だから、会社が生ぬるく、銀行にも冷たくあしらわれる。一事が万事そうなんだろうと思います。

どんなに土壇場であろうとも、また土壇場であるならなおさら、そういう経営者になってはいけないのです。

私の指導に関して言えば、とにかく報連相をして確認や検討を加え、自分一人の判断だけでやらない人は、ちゃんと正しい方向に進んでいきます。

しかし、自分一人の判断で勝手なかじ取りをする社長は、自分で船出して、たいていはどこか遠くに行ってしまいます。そのときに不測の事態が起こって泣きつかれても、もうどんなに力を尽くしたところで、船を元に戻してこられないのです。

正しい方法で、正しい順番で、事に当たる。

成功のカギはこれです。

これを実行できるかどうかは、自分を信じ、まわりを信じ、どーんと構えて、時を待つ。

そういう社長の精神力に大いに関係していると、私は考えるようになりました。会社の復活は、やはり社長の人物次第なのです。

私たち中小企業の復活こそが、日本全体の復活、活性につながります。そのために私ができることを精一杯やっていく所存です。

あなたの未来が少しでも明るくなることを、心から願ってやみません。

２０１６年10月

三條慶八

【著者プロフィール】
三條慶八（さんじょう・けいや）

1960年、神戸市生まれ。"会社と家族を守る"経営アドバイザー。（株）Ｊライフサポート代表取締役。負債140億円を背負った会社を自らの力で再生し、完全復活させた経験に基づき、悩める中小企業経営者に真の会社再生法を伝授、「何があっても大丈夫！」をモットーに、事業再生を通して経営者の人生の再生を最優先した、経営者とともに闘う真の会社と家族を守る経営コンサルタント。立教大学に入学すると同時に家業である不動産賃貸業・飲食業などを営む会社に入社。当初１行取引であった銀行を８行まで拡大するなど、順調に事業拡大するも、阪神淡路大震災でビル１棟が全壊するなど40億以上の損害を受ける。その後に襲った金融危機で再生プランが破たんし、会社は倒産の危機に至る。そのときの借金が総額140億円。しかし、どん底から不屈の精神で、自らの危機に対応。金融機関などの取引先に誠意を認められ信頼を回復し、見事会社を復活させた。「真の事業再生は会社と家族を守る」がポリシー。机上の空論でなく、自ら体験から得た実践的な手法は多くの経営者から信頼を得ている。特に対金融機関との交渉法が、多くの顧客から評価されている。世の多くの「不安」を持つ経営者に「会社と家族を守る」方法を伝え、経営者自身の人生の再生する手法には定評がある。「もっと早く出会いたかった」「今すぐ指導してもらいたい」などの声が全国から寄せられている。中小企業経営者とともに、最後まであきらめることなく懸命に闘う姿勢に共感を得ている。

著者ホームページ　http://jlifesupport.com/
著者ブログ　http://ameblo.jp/sanjokeiya/

あなたの会社のお金の残し方、回し方

2016年11月13日　初版発行
2018年 5 月22日　６刷発行

著　者　三條慶八
発行者　太田　宏
発行所　フォレスト出版株式会社
〒162-0824 東京都新宿区揚場町2-18　白宝ビル5F
電話　03-5229-5750（営業）
03-5229-5757（編集）
URL　http://www.forestpub.co.jp

印刷・製本　新灯印刷株式会社

ISBN978-4-89451-736-3　Printed in Japan

あなたの会社の
お金の残し方、回し方

読者の方に限り
特別プレゼント

ここでしか手に入らない貴重な情報です。

銀行員に知られたくない
銀行交渉のマル秘テクニック

（PDF ファイル）

著者・三條慶八さんより

本書の中で、あなたの会社のお金を残す＆回す方法をお伝えしました。その中で、本書にはどうしても載せられなかった、知っておくとさらに有利になる「銀行交渉のマル秘テクニック」の未公開原稿をご用意しました。本書の読者限定の特別プレゼントです。あなたの会社のこれからの再生と飛躍のために、ぜひご活用ください。

特別プレゼントはこちらから無料ダウンロードできます↓

http://frstp.jp/sanjo

※特別プレゼントは Web 上で公開するものであり、小冊子・DVD などをお送りするものではありません。
※上記無料プレゼントのご提供は予告なく終了となる場合がございます。あらかじめご了承ください。